acabus
Verlag

Alfred Endres

Dann hör doch einfach auf ...!

Lebensgeschichte eines Alkoholikers

acabus
Verlag

Endres, Alfred: Dann hör doch einfach auf …!, Lebensgeschichte eines Alkoholikers, Hamburg, acabus Verlag 2020

5. Auflage
ISBN: 978-3-86282-207-2

Lektorat: re, acabus Verlag
Korrektorat: pk, acabus Verlag
Umschlaggestaltung: ds, acabus Verlag
Umschlagmotiv: © Isaxar - Fotolia.com

Dieses Buch ist auch als E-Book erhältlich und kann über den Handel oder den Verlag bezogen werden.
PDF: ISBN 978-3-86282-208-9
ePub: ISBN 978-3-86282-209-6

Bibliografische Information der Deutschen Nationalbibliothek:
Die Deutsche Nationalbibliothek verzeichnet diese Publikation in der Deutschen Nationalbibliografie; detaillierte bibliografische Daten sind im Internet über http://dnb.d-nb.de abrufbar.

Der acabus Verlag ist ein Imprint der Bedey Media GmbH,
Hermannstal 119k, 22119 Hamburg.

---

1. Auflage 2013, acabus Verlag Hamburg

http://www.acabus-verlag.de
Gedruckt in Europa

Für meine Helga, in tiefster Liebe und Dankbarkeit

Mit meinem herzlichsten Dank an alle Menschen, die mir zurück ins Leben halfen.

Insbesondere:

- Frau Susann Haak-Georgius nebst allen Kolleginnen der Caritas München vom Team im Sommer 2009
- Oberarzt Dr. Erich Bielesch und alle mich behandelnden Ärzte im Klinikum München Pasing
- Dr. F.-J. F., psychologischer Psychotherapeut in München
- Meinem langjährigen Hausarzt Dr. Peter Dehning und seiner liebenswerte Assistentin Monika Paar am Medizinischen Zentrum München Allach
- Sigrid und Peter (Freunde sind Menschen, die dich mögen, obwohl sie dich gut kennen.)
- Und am allermeisten meiner Mutter (Kleine Kinder, kleine Sorgen usw.)

Sowie ein paar lieben Menschen, ohne die das Leben nicht so schön wäre:

Michael, Silvia, Irene, Dagmar, Heinz, Tina, Claudia, Manfred und alle anderen, die das Prädikat „Freunde“ verdienen.

Vorwort

München, 21.12.2010

Am frühen Morgen schaue ich durch das Fenster aus dem siebten Stock des Krankenhauses auf den Münchner Westen hinunter. Es ist grau, der Schnee der letzten Tage ist schon wieder weg, aber man spürt förmlich die Kälte, wenn man auf den vereisten Parkplatz schaut. Draußen bereiten sich die Menschen auf den Heiligen Abend vor und gehen geschäftig ihrer Wege. Meine Frau liegt in ihrem Krankenbett und schläft noch.

Mein Herz ist schwer, mein Blick gedankenlos, aber mein Kopf ist klar. Der Schmerz in meinem Bauch ist seit gestern noch nicht kleiner geworden. Die Trauer bohrt sich wie ein Loch in mein Herz und will nicht aufhören. Tausend Gedanken schießen mir durch den Kopf und ich warte förmlich darauf, die Kontrolle über meine Gefühle zu verlieren, wie so oft in den Jahren zuvor. Aber diesmal passiert das nicht. Ich kann meine Emotionen wieder kontrollieren, und wer weiß was passiert wäre, wenn das Gleiche vor einigen Jahren geschehen wäre.

Als ob es eine Fügung gewesen wäre, bin ich gestern früher als verabredet aus der Arbeit gegangen, um meine Frau im Klinikum Großhadern zu besuchen. Es sollte eine kleine Überraschung werden, schließlich steht der große Ultraschall an, auf dem man angeblich auch ein 3D-Bild des Fötus sieht.

Als ich meine Frau auf dem Flur sehe, weiß ich in Sekundenbruchteilen, was passiert ist, ehe es mir jemand sagt. Sie weint, und die Krankenschwester, die sie im Arm hat, sagt: „Jetzt gehen Sie erst mal auf Ihr Zimmer.“ Sie kommt mir entgegen und sagt nur: „Schatz, keine Herztöne mehr ...“. Es ist für einen Augenblick so, als hätte mir jemand einen Pfeil ins Herz gestoßen. Als ob man durch einen Eimer kaltes Wasser aus einem schönen Traum im Tiefschlaf geweckt wird. Ich bin nicht fähig, irgendetwas zu sagen oder zu tun, flüstere immer wieder nur „Oh nein ...“

Es lebte nicht mehr, das Baby, das wir uns so sehr gewünscht hatten. Tot im Bauch der Mutter im sechsten Schwangerschaftsmonat. Zu Hause warteten die ersten Spielsachen; die Möbel fürs Kinderzimmer waren ausgesucht und im Internet hatte ich schon einen Maxi-Cosi ersteigert. Meine Mutter hatte auf dem Weihnachtsmarkt die ersten

Söckchen für ihre zukünftige Enkelin besorgt. „Julia" sollte unsere Tochter heißen, und nach der positiven Fruchtwasseruntersuchung stand ihrer Geburt Ende April nichts mehr im Wege. Auf alles hatte ich mich vorbereitet, um meinen Platz im Leben als „Papa" einzunehmen, aber nicht auf das: Den Verlust unseres Kindes, noch bevor wir es in unser Leben lassen durften. Erst vor kurzem überflog ich einen Artikel über „Sternenkinder", wie man Totgeburten nennt, aber ich wollte so etwas nicht einmal lesen. Zu furchtbar erschien mir diese Vorstellung. Jetzt musste ich dieses Schicksal am eigenen Leib erfahren.

Ich frage mich insgeheim etwas theatralisch, ob das der Preis ist, den ich bezahlen muss, aber im gleichen Moment versuche ich meine Gedanken wieder zu ordnen und das zu tun, was ich viele Jahre nicht mehr konnte: Klar denken, mein Schicksal annehmen und das akzeptieren, was nicht zu ändern ist.

Ich werde es durchstehen, ich werde die Kraft finden, meiner Frau beizustehen wie sie zuletzt mir beigestanden ist. Es wird mein Leben nicht aus der Bahn werfen, denn ich habe die Kraft diese Krise zu meistern. Ja, die habe ich, das weiß ich jetzt. Ich kann mehr verkraften, als ich je vermutete, denn ich habe etwas geschafft, was Millionen noch nicht geschafft haben, und darauf bin ich stolz. Und ich möchte Ihnen davon erzählen:

Ich habe mit dem Trinken aufgehört.

Ich habe den Alkoholismus überlebt und mein Leben geändert. Ich bin ein anderer Mensch geworden und ich wünschte, ich könnte diese Kraft mit denen teilen, denen es genauso geht, und die, genau wie ich noch vor kurzer Zeit, keine Hoffnung mehr haben.

Tiefe Wurzeln in der Vergangenheit

In dem Sechs-Parteien-Haus, in dem ich aufwuchs, ging es Anfang der 80er Jahre recht munter zu. Die Nachbarn hatten sich im Laufe der Jahre miteinander arrangiert, ja angefreundet; die Kinder waren alle langsam im Teenageralter und das Fahrradgeschäft meines Vaters im Nebenhaus verlieh der ganzen Haus- und Hofgemeinschaft eine Art Zusammengehörigkeitsgefühl. Jeder kannte jeden, man sah sich täglich und hatte sich natürlich auch immer wieder den neusten Klatsch zu erzählen. Wir lebten die „Lindenstrasse" bevor es sie gab. Natürlich spielten die Kinder Fußball und die Väter waren aufgeteilt in „Bayern"- und „1860"-Anhänger. Die Jungs taten es ihnen gleich und alles in allem waren wir eine verschworene kleine Wohngemeinschaft.

So ergab es sich natürlich auch, dass man sich gelegentlich einlud, um abends im Wohnzimmer zusammen mit den „Männern" jeden Alters Fußball zu gucken, wenn Spiele im Fernsehen übertragen wurden. In den Jahren vor der medialen Überflutung, die wir heute kennen, war das noch lange nicht selbstverständlich. Soweit ich mich erinnern kann, stand dieses Mal das Länderspiel Deutschland – Brasilien auf dem Programm. Nur ein Freundschaftsspiel, und das Aufregendste, das passierte, waren zwei Elfmeter, die noch dazu beide von meinem Idol Paul Breitner kläglich verschossen wurden. Wie gesagt, nicht dass das von Bedeutung gewesen wäre, aber in dieser fröhlichen Runde genoss ich die ersten beiden Weizenbiere meines Lebens. Oder zumindest die ersten, an die ich mich zurück erinnern kann.

Niemand kam auch nur auf die Idee, dass man einem 14-jährigen vielleicht nicht pro Halbzeit ein Bier einschenken sollte. Nein, es war doch so, dass es alles in allem toll war, wenn die Jungs erwachsen werden wollten, mitredeten und natürlich auch mittranken. So schlimm war das alles ja auch nicht. Bier ist ja in Bayern ein Grundnahrungsmittel, und das schadet ja keinem. Mir hat es auch nicht geschadet, jedenfalls nicht, bis ich nach dem Schlusspfiff aufgestanden bin.

Ich wollte nur einen Schritt nach vorne machen und krachte, ohne es zu merken, seitlich gegen den neuen Wohnzimmerschrank der Nachbarn. Das Gelächter war die Krönung des Abends. Nicht, dass ich ausgelacht wurde, nein, das Lachen war mehr als Anerkennung gedacht. „Passt's auf, der Bua hat ja einen Rausch", so klang es durch den Raum. Ich fand schließlich den Weg in unsere Wohnung im ersten

Stock und kann mich jedenfalls nicht erinnern, dass mir damals ein Vorwurf gemacht wurde. Ich wurde von diesen Monaten an dazu erzogen, den Alkohol als etwas Alltägliches zu betrachten. Verboten hat es mir eigentlich niemand. Schließlich war mein Papa an diesem und an vielen anderen Tagen meiner Trinkerkarriere ja mit dabei.

Es ist weiß Gott nicht so, dass ich ihm oder irgendjemand anderen einen Vorwurf daraus machen würde, meine Eltern haben mich so gut erzogen wie sie konnten. Sie selbst konnten jedoch nie eine kritische Einstellung gegenüber Suchtkrankheiten wie Rauchen oder Trinken aufbauen, zu sehr waren diese „Allerweltssünden" bei ihnen beiden selbst beheimatet. Sucht bedeutete Sachen wie Heroin oder ähnliche illegale Substanzen, aber nicht Alkohol. Und Bier ist ja auch nicht gleichzusetzen mit Sachen wie Schnaps, Cognac, „harten Sachen". Dass alleine der Bierkonsum in der Familie schon vor Generationen „Einschläge" hinterlassen hatte, wurde geflissentlich übersehen. Bier ist einfach zu „normal", um als Todbringer angesehen zu werden.

Während und nach meiner Therapie entstand in mir eine Distanz zu diesem Leben und dieser Einstellung, die nur mit einer 180-Grad-Wendung zu beschreiben ist. Ich kann mir seitdem sehr gut vorstellen, wie hilflos und einsam mein Vater und all die anderen vor ihm in der Familie waren, als sie Trost, Flucht oder einfach nur Entspannung im Alkohol suchten. Sie merkten dabei nicht, dass sie an dem Ast sägten, auf dem sie saßen – und auf den sie mich setzten, als sie mich großzogen.

Eigentlich hätten meine Eltern ja wissen müssen, dass sie mich in Gefahr bringen, als sie mich im Umgang mit Alkohol nicht warnten. In der Generation meiner Eltern war zwar die Suchtproblematik unter der Bevölkerung noch nicht so ein breites Problem, das auch in den Medien behandelt wurde, wie heute, aber Trinker gab es dennoch, und zwar jede Menge. Bloß hatte das damals einen anderen Stellenwert.

Die Verhältnisse, aus denen meine Mutter kam, waren schlichtweg einfach, meine Großmutter war seit ihrer Kindheit schwerbehindert, ein Unfall kostete sie den linken Arm, ihr Mann starb früh und die ganze Familie litt unter den katastrophalen Auswirkungen des Zweiten Weltkrieges.

Mein Großvater mütterlicherseits trank sich um seine Existenz und riss die Familie fast an den Abgrund. Ich lernte ihn nie kennen, er starb als ich ein Kleinkind war, daher habe ich keine eigenen Erinnerungen daran, wie er als Familienvater war. Was ich von ihm weiß, ist nur, dass er auf Grund seines Alkoholkonsums seinen Lebensabend in einem Pflegeheim verbrachte, wo er dann eines Tages an den Folgen einer Lungenentzündung starb. Die „Pflegeheime", die es damals gab, sind mit denen von heute nicht zu vergleichen. Damals galten Süchte eher als Charakterschwäche denn als Krankheit. So verbleibt er in meiner Erinnerung nur von einem alten Foto aus einem Familienalbum. Meine Mutter wickelt mich auf einem Bett in Opas Heim, während mein Großvater milde lächelnd mit gutmütigem Blick daneben steht. Auf dem Foto sieht die Welt in Ordnung aus.

Sein Sohn, mein Onkel, kam zwar unversehrt aus dem Krieg zurück, aber lange Zeit später verfiel er zu Hause im Alltag dem Alkohol. Das Bier war wohl für ihn die einzige Möglichkeit, sich mit der Dominanz seiner Frau zu arrangieren. Die terrorisierte mit ihrer übertrieben Fürsorge bis weit in die nächste Generation hinein die gesamte Familie. Oft hörte ich nur die pauschale Aussage, dass sich der Onkel „aufgegeben" habe. Als er Anfang der 90er einen Herzinfarkt erlitt (von dem er sich jedoch wieder gänzlich erholte), bekam er in der Reha seine Tagesration Bier bereitwillig ans Krankenbett gebracht. Schon damals war ein stetes Quantum notwendig, damit ihm der körperliche Entzug nicht noch weiter zu schaffen machte. Als schließlich seine Frau starb, war es schnell um ihn geschehen. Ohne Struktur und Kontrolle wurde aus dem Bier Weinbrand und aus Gleichmut Hoffnungslosigkeit. Als man ihn eines Tages ins Krankenhaus einlieferte, gaben ihm die Ärzte aufgrund seines Zustandes noch ein Jahr zu leben. Um mit dem Trinken noch aufzuhören und damit seine Gesundheit zu retten, dafür schien es schon lange zu spät zu sein. Er entschuldigte sich bei seiner Familie zu gegebener Zeit und starb bald darauf.

Väterlicherseits war es nicht viel anders, die Großeltern kamen aus ihrer Armut nie heraus. Eine Eigenheit, die meinen Opa am meisten prägen sollte, waren seine Wutanfälle. Die liefen schon mal darauf hinaus, dass er beim Essen mit der Familie den ganzen Topf voll Braten wutentbrannt aus dem Fenster warf, wenn eins der Kinder etwas Falsches sagte. Dazu sei gesagt, dass es zu der Zeit nicht oft Fleisch gab, was die Sache natürlich nicht vereinfachte. Das Schicksal ersparte ihm die Sucht nur insofern, dass er einfach zeitlebens kein Geld hatte, um regelmäßig ein Wirtshaus zu besuchen.

Mein Großvater sah seine Fehler erst ein, als ich auf der Welt war und die Liebe zu seinem Enkelkind endlich sein Herz öffnete. Den Herzfehler, den er aus der Gefangenschaft mit nach Hause brachte, konnte man mit Hilfe eines Herzschrittmachers in den Griff bekommen. Leider waren in den Siebzigern diese Geräte noch nicht besonders ausgreift und so wollte es das Schicksal, dass sein Herzschrittmacher versagte, als er die Fenster putzte. Der Sanitäter erklärte uns, dass sich wohl ein Kabel gelockert habe. Wie auch immer das genau ablief, bekam ich als zehnjähriger Stöpsel nicht mit, auf einmal stand jedenfalls der Pfarrer in der Küche, Opa lag auf der Eckbank und meine Mutter weinte.

Die Trinkerkarrieren seiner Kinder verliefen unterschiedlich. Meine Tante war die Intellektuelle von den Dreien. Ihr spielte das Leben zwar seitens der Partnersuche übel mit, allerdings war sie in jeder Beziehung die Vernünftigste von den drei Kindern und verfiel keinen Süchten.

Mein Onkel väterlicherseits, war schlichtweg ein „normaler Trinker" – wobei diese Definition heute nicht mehr zeitgemäß erscheint. Er hatte einfach das Glück, zeitlebens keinen spürbaren körperlichen Schaden dadurch zu nehmen. Dass man nicht betrunken Auto fährt, ist allerdings nie bis zu ihm durchgedrungen. Einzig als ihm seine einfach strukturierte Frau das sprichwörtliche Messer auf die Brust setzte und sagte „entweder das Bier oder ich", hörte er auf. Er trank zwar sehr wohl noch eine ganze Weile heimlich, aber am Ende seines Lebens kam er komplett von Alkohol los, ohne jemals einen Arzt deswegen konsultiert zu haben. Auf seine Gesundheit achtete er trotzdem nicht genügend. Statt zu trinken, rauchte er bis zu seinem letzten Tag. Eines Tages ereilte ihn der Herzinfarkt im Treppenhaus, die Einkauftüten noch in der Hand.

Bleibt noch mein Vater zu erwähnen. Er war eigentlich ein kluger Kopf gewesen. Aber wie es nach dem Krieg so war, hatte er, wie viele in seiner Generation, nicht die Möglichkeit sein geistiges Potential voll auszuschöpfen. So blieb ihm nur die Möglichkeit, mit seiner Hände Arbeit zu versuchen, aus dem Sumpf des Proletarier-Daseins zu entkommen. Eine Hochschule für arme Kinder gab es eben nicht. Er tat also das, was er ein Leben lang am liebsten tat: lesen, lernen, noch mal lesen und immer nach vorne schauen. Geboren wurde er in einem Haus, das bis zum heutigen Tag eine Bahnhofsgaststätte ist, und es war ihm trotz allem Bemühen nicht vergönnt, in seinem tiefsten Inneren aus diesem Milieu auszubrechen. Als ich das begriffen hatte, begann ich ihn zu verstehen und ihm zu verzeihen. Mir sollte es ja in weiten Teilen genauso gehen.

Neben der Liebe zu meiner Mutter war Autofahren seine größte Leidenschaft. Ein normales Hobby für einen jungen Mann, so mag man heute denken. Aber kurz nach dem Krieg gab es keine Autos für junge Burschen und so musste man aus seiner Passion schon einen Beruf machen, um ans Ziel zu kommen. Also bewarb sich mein Vater auf eine Stelle bei Siemens, die einen erfahrenen Chauffeur suchten. Er erfüllte die Einstellungsvoraussetzungen tadellos und wurde gebeten, doch am kommenden Montag anzufangen. Etwas verlegen fragte er, ob Dienstag nicht auch möglich wäre, er bekäme Montag erst seinen Führerschein.

Man mag schmunzeln angesichts solcher Anekdoten, die heute undenkbar sind, damals aber Spiegelbild einer Zeit waren, in der manches einfacher war.

Das Ende seiner Karriere bei Siemens als Chauffeur war mit einem Angebot meines Großvaters väterlicherseits an meine Eltern verbunden. Er bot ihnen an, sich an seinem kleinen, aber damals gut laufenden Zweiradgeschäft zu beteiligen. Leider wurde wenig später der Führerschein für Mopeds und Motorräder eingeführt. Das spiegelte sich bald im Umsatz des kleinen Ladens wieder, er ging auf einen Bruchteil seines Ursprungs zurück, weil sich die Anzahl der Mopedfahrer entsprechend dezimierte. Und schon reichte der Verdienst nicht mehr für zwei Personen und mein Vater musste sich nach einer anderen Arbeit umsehen.

Also versuchte sich mein Vater als Automechaniker. Er blieb dabei jedoch glück- und erfolglos, da er für das Dasein eines Geschäftsmannes einfach ungeeignet war. „Zu gut für diese Welt“ möchte man sagen. Es ist nicht einfach als Selbstständiger Geld zu verdienen, wenn man aus Mitleid mit den Kunden nicht einmal genug Geld für seine eigene Arbeit verlangt. Das Ergebnis waren rote Zahlen in den Bilanzen und nicht selten etliche leere Bierflaschen in der Werkstatt. Wer kontrolliert den Chef, ob er trinkt, wenn der Chef nicht einmal Angestellte hat? Die Verzweiflung und Sorge um die Existenz trieben meinen Vater häufig zum Seelentröster Alkohol, anstatt die Kraft aufzubringen, sich selbst aus dem Sumpf zu ziehen.

Etwa zu der Zeit, als ich in die Schule kam, übernahm mein Vater schließlich das Fahrradgeschäft. Damit hatten meine Eltern wenigstens ein halbwegs geregeltes Einkommen, auch wenn der kleine Laden niemals konkurrenzfähig werden sollte.

Diese Jahre prägten wohl maßgeblich, was mein kindliches Verständnis von der „Normalität" im Umgang mit Alkohol angeht. Ich habe noch heute den Geruch meines Vaters in der Nase, wenn er betrunken nach Hause kam und meine Mutter teils böse – teils nervös – mit dem Abendessen auf ihn wartete. Es war einfach so. Wenn Papa nach Hause kam, roch er nach Bier, teilweise redete er dann auch ganz anders als tagsüber in der Werkstatt. Der Geruch seines Arbeitsmantels und seine Ausdünstungen sowie der lallende Klang seiner Stimme sind mir heute noch in Erinnerung. Oft schlief er kurz nach dem Abendessen auf der Couch im Wohnzimmer ein. Heute erahne ich nur, wie sehr meine Mutter wohl oft gelitten hat.

Einem Kind kommt niemals der Gedanke in den Sinn, dass da etwas schief läuft. Kinder imitieren ihre Eltern, erst im Kleinen dann im Großen. Was mir mein Vater vorlebte, nahm ich automatisch als gegeben an. So wie es alle Kinder tun.

Lügen. Damals schon. Mein Vater nahm es mit der Wahrheit das eine oder andere Mal nicht so genau und brachte mir das automatisch bei. Ich glaube er hat damals ab und zu genauso gelogen wie ich in meiner aktiven Zeit als Trinker. Ein Ritual meines Vaters war der tägliche Gang zur nahegelegenen Tankstelle, wo er sich nach der Arbeit „mit Freunden" traf. Nachdem er den Laden um 18 Uhr zusperrte, ging er noch im Arbeitsmantel an die Tankstelle 200 Meter weiter die Straße runter. Die „Tanke" war kein moderner Supermarktverschnitt wie die Tankstellen von heute, sondern neben den beiden Zapfsäulen, die natürlich noch der Tankwart bediente, fungierte der Betrieb in erster Linie als Stehausschank. Das Klientel, das sich dort traf, bestand aus Tagelöhnern und Strolchen. Es mag anmaßend klingen, aber ein anderer Ausdruck fiel mir nicht ein, als ich ab und zu meinen Vater dort antraf. Was genau meinen Vater immer wieder zu Leuten zog, die unter seinem Niveau waren, konnte ich jahrzehntelang nicht verstehen, jedenfalls sagte er zu meiner Mutter immer wieder, er ginge nur „auf ein Bier" an die Tankstelle.

„Ich habe nur ein Bier getrunken." Wussten Sie, dass das die Männer-Lüge Nummer eins ist? Statistisch gesehen verraten Männer eher wie oft sie fremdgegangen sind, als wie viel sie in Wirklichkeit an einem durchzechten Abend getrunken haben.

Ich war fast 40 als ich selbst sagen konnte, wie viele „halbe" Bier man in ca. 30 Minuten trinken kann und warum man später dann so entsetzlich riecht wie mein Vater damals.

Mein Vater wandelte zwischen den Welten: Er las Bücher über Weltgeschichte und Historie, lernte in hohem Alter Englisch, begann sogar ein Fernstudium und ließ keine Gelegenheit aus, um sich zu bilden. Als Kind hatte mein Papa nicht die Möglichkeit, auf eine Schule zu gehen, die ihn entsprechend förderte. So wurde er als Jugendlicher von seinem sozialen Umfeld geprägt, das aus Trinkern und Kartenspielern bestand. Obwohl er eigentlich einen höheren Intellekt hatte, konnte er sich aus diesem Milieu nie richtig lösen.

Mai 2009, Koma

Ich spüre meinen Körper in einem Behälter liegen, einem Sarg ähnlich. Wo bin ich? Welcher Tag ist heute? Schläuche und Geräte sehe ich über mir, Plastikschürzen und steril aussehende Abdeckungen ... ich gleite offenbar in dem Sarg auf einer Art „Montagestation“, meine Organe sind in Plastikbeutel verpackt und liegen neben meinem Körper. Der wiederum wird zusammengeflickt und künstlich am Leben gehalten. Etwas Furchtbares muss passiert sein und ich bin schuld. Es ist nicht real, aber auch kein Traum. Ich muss meine Mutter wissen lassen, dass ich lange nicht nach Hause komme werde, aber ich weiß nicht warum ... ich weiß nichts mehr, außer dass mein Leben auf der Kippe steht. Ich werde lange hier in dieser futuristischen Maschine zubringen bis ich weiß, ob ich leben oder sterben werde. Wo bin ich, wer sind meine Freunde hier, wer meine Feinde? Eine hübsche junge Frau in einem grünen Plastikkittel beugt sich über mich und sagt, sie sei meine Frau und wir haben zusammen drei Kinder ... Hatte ich Kinder? Marion? Wir haben uns doch vor 14 Jahren getrennt! Sah meine Frau nicht anders aus? Solange ich nicht weiß, in welcher Welt ich lebe, werde ich niemanden Zusagen machen, mit wem ich verheiratet bin und wem nicht ... Enttäuscht wendet sich die Frau wieder ab. Aber ich kann doch niemandem sagen, dass ich ihn liebe, wenn ich gar nicht weiß, wo ich bin oder was passiert ist ...

Mein Leben hängt am seidenen Faden. Einzelne Stücke Fleisch werden offenbar wieder im meinen Brustkorb eingepflanzt. Diese Maschine dient dazu, mich wieder zusammenzusetzen und ich kann mich nicht bewegen. An der Decke sind Schläuche und Ventile, alles scheint hermetisch abgeriegelt zu sein. Mein Geist schwebt weiter in einen anderen Raum ... Oh Gott, was ist passiert? Warum bin ich hier, was habe ich nur getan?

Eine schwierige Jugend

So verliefen auch meine Teenagerjahre zwischen Büchern und Bier. Ich bekam beides mit. Zugegeben, ich las nicht annähernd soviel wie mein Vater, aber Englisch fiel mir leicht und in der Schule bereitete ich meinen Eltern keine großen Sorgen. Die Urlaube in Südtirol sorgten dafür, dass ich neben dem sorglosen Umgang mit Bier auch noch die Kultur des Weintrinkens kennenlernte. Schon bald wusste ich gute von schlechten Rotweinen zu unterscheiden.

Die Jahre in der Grund- und Realschule waren gekennzeichnet durch die stetigen Kontaktschwierigkeiten mit meinen Mitschülern. Ich merkte früh, dass ich um einiges introvertierter als die anderen war. Das wirkte sich natürlich auf meinen Freundeskreis aus. Es gab ein paar, die mich duldeten, aber die Mehrheit der Klassenkameraden mied mich. In der Kindheit werden bekanntlich Wunden geschlagen, die mitunter nie mehr heilen. Ich litt stets darunter, von gleichaltrigen Kindern nicht akzeptiert zu werden.

Meine Noten waren brauchbar, mein Verhalten sehr gut. Darauf waren meine Eltern stolz und es war ihnen wichtig. Im Sport war ich einer der Schlechtesten der Schule und bei den ersten Knutschpartys war ich der Einzige in der Klasse, der nicht eingeladen wurde. Das wäre mir allerdings – wie eigentlich fast jedem Teenie – wichtig gewesen und darauf war ich nun gleich gar nicht stolz. Schlimmer noch, diese beiden Sachverhalte sollte ich mein Leben lang nicht vergessen. Das mit dem Sport konnte ich akzeptieren. Sport machte mir auch keinen Spaß. Dass ich bei den Bundesjungendspielen nicht einmal eine normale Urkunde bekam, wo fast 90% der Teilnehmer eine Ehrenurkunde abstaubten, war für mich noch tragbar. Aber deswegen als Schwächling abgestuft zu werden, wollte mein sanftes Gemüt einfach nicht verkraften. Warum war das wichtiger als meine Eins in Englisch? Eine Trotzreaktion wuchs im Laufe der Jahre in mir heran. Der zurückhaltende Teenager hörte heimlich Heavy Metal. Nicht, dass es mir auf Anhieb gefallen hätte, aber ich wollte um jeden Preis irgendein Hobby oder Interesse haben, was mich deutlich von den anderen abhob. Und das mir keiner zutraute. Der zurückhaltende kleine Bub mit dem langweiligen Seitenscheitel wollte ein Mann werden. Mit allen dazugehörigen „unangepassten" Seiten. Ich gewöhnte mich schnell an Iron Maiden, AC/DC und Motörhead und freute mich über die verwunderten Blicke der Verkäufer in den Plattenläden als ich mir die LPs holte.

Ich brauche kaum zu erwähnen, dass ich natürlich auch nie und nimmer eine Freundin fand, als „es an der Zeit war". Sprich, als alle anderen ihre ersten Erfahrungen sammelten, wurde ich belächelt. Ich war wütend, weil ich glaubte, etwas zu versäumen. In meiner Unfähigkeit, meine Gefühle nach außen zu tragen, begann ich wohl als Teenager meine Selbstzerstörung. Ich verschloss mich und richtete meine Wut gegen mich selbst. Wenn mich keiner mag, müssen sie wohl ihre Gründe dafür haben. Ich bin es eben nicht wert, gemocht zu werden. Das strickte ich mir solange zusammen, bis es mir passte und ich mich damit abfand. Aber ich werde etwas finden, dass mich von anderen abhebt, ich werde auch euren seltsamen Wertvorstellungen eines Tages gerecht werden. Auch ich werde Seiten entwickeln, die allen anderen Neid und Anerkennung abverlangen. Ich werde etwas tun, das keiner von mir erwarten würde ...

Heute glaube ich zu verstehen, was in manchen Sonderlingen vorgeht, die irgendwann durchdrehen und aggressiv werden. Ich richtete meine Wut gegen mich selbst.

In den Tiefen meiner Seele müssen diese Umstände Auslöser für meinen Alkoholismus in den nächsten beiden Jahrzehnten gewesen sein: Die Selbstverständlichkeit des Trinkens in meinem Elternhaus und der beginnende Selbsthass mangels Anerkennung durch Gleichaltrige als Jugendlicher.

In den Lehrjahren nach dem Realschulabschluss entstanden durch meine Vorliebe für harte Rockmusik erste Kontakte zu Gleichgesinnten. Ich lernte einige Leute kennen, die ich noch aus den letzten Schultagen vom Sehen her kannte, und im Laufe der Zeit bildete sich eine Clique, aus der bis heute noch andauernde Freundschaften resultierten. Es gab auch heftige Streite und Beziehungen, die zerbrachen, aber ich machte viele Erfahrungen, die ich nicht missen möchte. Wir feierten, philosophierten, lachten, weinten, tauschten uns aus und ich wurde zum Freund aller Mädchen, die eine Schulter zum Ausweinen brauchten. Ein Hauptthema, das „Frau" mit mir immer wieder mal besprechen wollte: Wann heiratet mich mein Freund endlich? Insgeheim wünschte ich mir ihre Probleme inständig herbei, ich hatte nicht einmal die erste Freundin ...

In der Clique wurde eigentlich nie übermäßig viel Alkohol getrunken. Wir waren keine Bande von Randalierern, die Samstag um die

Häuser zog und dem heute verbreiteten „Komasaufen“ frönte. Unsere Hobbys bestanden größtenteils aus Sport und da hatte „richtiges“ Saufen keinen Platz. Wir unternahmen auch Dinge, die Unabhängigkeit und Selbstständigkeit verlangten. Zum Beispiel Reisen bis nach England zu Konzerten unserer Idole. Oder ganze Wochenenden am Nürburgring als die dort ansässigen Rockfestivals in ihren Anfängen lagen. Surfurlaube am Gardasee, lange Fahrten für ein paar Rockkonzerte oder mal ein Fußballspiel ... es gab immer viel zu erleben und wir hatten alle Energie der Welt dafür.

Wenn wir freitagabends gelegentlich Billard spielen gingen, war ich es, der am meisten trank. Die Anderen überlegten mitunter, ob es nicht besser wäre, mir nach dem vierten Bier den Autoschlüssel wegzunehmen, aber irgendwie wollte keiner soweit gehen. Ob mir niemand die Selbstverantwortung nehmen wollte, sei dahin gestellt. Jedenfalls waren die Junggesellenjahre – bevor die Clique zerbrach und sich daraus mehrere Familien bildeten – die schönsten meiner Jugend und ich sehe im Nachhinein dort keine Ursachen für meine spätere Abhängigkeit.

Die ersten Gedanken bzw. die Erkenntnis einer aufkommenden Depression überkamen mich etwa um mein 20. Lebensjahr. Ich vermag nicht mehr genau zu sagen wann, aber es war etwa die Zeit nach der Ausbildung und vor der Wehrdienstzeit. Ich merkte, dass mir die Perspektiven fehlten – heute erscheint mir dieser Gedanke absurd, angesichts meiner damaligen Jugend – und ich machte mir ernste Gedanken. Düstere Gedanken. Keine, die nach außen für andere, insbesondere für meine Eltern, sichtbar waren, und das Unheil nahm seinen Lauf, da ich mich aus meinem Schneckenhäuschen nicht heraus traute und meine Gedanken äußerte. Ich habe die Depression damals nicht als solche erkannt, und so hielt ich meine Gefühlswelt nicht für erwähnenswert oder gar gefährlich. Trotzdem ging ich eines Tages damit zum Hausarzt. Was genau ich ihm damals gesagt habe, weiß ich nicht mehr, aber sehr wohl noch seine ernsten Worte: „Es ist gut, dass sie kommen“.

So etwas sagt ein Arzt nicht, wenn man sich „nur erkältet“ hat. Und vor allem nicht mit diesem Unterton. Irgendwo ahnte ich, dass etwas in meinem Leben passierte, das es für immer verändern sollte.

Er überwies mich zu einem Neurologen. Ich wusste nicht, was dieser mit mir machen wollte, geschweige denn, dass es sich um einen Nervenarzt handelte. Dort wurde erstmal eine „Bestandsaufnahme“ gemacht. Eine der ersten Fragen war: „Haben sie eine Freundin?" Etwas verblüfft verneinte ich. „Warum nicht?", kam es fast etwas forsch von ihm. Nun, das Thema schien ja immens wichtig zu sein, wenn es darum geht das seelische Befinden zu analysieren. „Hatten Sie schon Geschlechtsverkehr?" „Ups, jetzt geht's aber ans Eingemachte", dachte ich mir. Klar, das ist sogar wichtig fürs seelische und sogar körperliche Wohlbefinden, wie wir in der Zwischenzeit alle wissen. Wir leben in einer modernen Welt und den Stellenwert von Sex wurde mir ja bereits im Teeangeralter von den einschlägigen Jugendzeitschriften vermittelt. Aber woher nehmen, wenn nicht stehlen?

Auf Krankenschein gibt es diese Art von Heilmittel ja bekanntlich nicht. Diesen Standpunkt versuchte ich so gut wie möglich zu erklären und beantworte bereitwillig seine Fragen.

Nun, nach einigen Sitzungen kam er zu dem Schluss, dass ich ein ganz normaler schüchterner junger Mann sei, der Schwierigkeiten hat, eine Freundin zu finden, weil er Angst vor Zurückweisungen hat. Ansonsten alles weitestgehend normal, aber mit Hang zu Melancholie bzw. Stimmungsschwankungen. Im Laufe der Zeit kamen wir dann zu der Erkenntnis, dass es sich um „endogene Depressionen" handelte. Diese konnte man behandeln. Ich musste allerdings etliche verschiedene Präparate ausprobieren bis sich ansatzweise ein Erfolg einstellte. Jedenfalls kamen die Nebenwirkungen als erstes zum Tragen. Ein bis zwei Tabletten täglich und mir war das letzte bisschen Sexualleben auch noch genommen. Impotenz. Voll Sorge ließ ich mir bestätigen, dass das nur vorübergehend sei und es wichtiger sei, erst mal die Stimmung aufzuhellen. Ich bin ja solo, da ist ja eh nicht so schlimm. Klar, wie ein Mönch lebe ich ohnehin schon zeitlebens, jetzt also auch noch wie ein Eunuch. Hoffentlich helfen die Tabletten, dann bin ich wenigstens ein fröhlicher Eunuch. Immerhin hatte ich – neben der Erkenntnis, dass in meinem Dasein etwas aus dem Ruder läuft – auch das Einsehen, dass ich gegen mein Singledasein aktiv etwas unternehmen musste. Darauf zu warten, dass Miss Perfect an meiner Tür läutete, erwies sich als gänzlich falscher Ansatz. Aber was tun? Meinen vier Jahren im Werkzeugbau der Firma M. in München verdankte ich dann wenigstens einen Schritt in die richtige Richtung.

Aber der Reihe nach:

Ich hatte nicht im Geringsten ein schlechtes Gewissen als mich der diensthabende Arzt im Betrieb bei der Einstellungsuntersuchung fragte, wie es denn mit dem Alkoholkonsum bei mir aussähe. Hier in der

Firma sei das ein großes Problem, sagte er und machte keinen Hehl daraus, dass der durchschnittliche Fabrikarbeiter hier mehr tränke als ihm lieb sei.

Der Wahrheit entsprechend sagte ich, dass ich zwar gerne Bier tränke, dies aber bei mir absolut kein Problem darstelle und mich in keiner Weise je beeinflusst habe. Nun, ich war 23 Jahre alt und noch dabei „Aufbauarbeit" zu leisten. Steter Tropfen sollte den Stein höhlen ... Steter – sprichwörtlicher – Tropfen.

Tja, man gewöhnt sich an alles. Leider. Ich begann die Stelle dort an einem zweiten Januar und noch im ersten Sommer hatte ich mich daran gewöhnt, dass der heiße Nachmittag sich leichter bewältigen ließ, wenn man nebenbei ein Bierchen trank. Es war erlaubt, ja sogar selbstverständlich, und es verging keine Woche, in der es kein Freibier gab. Grund zu trinken – äh, feiern – gab es immer. Ich muss sogar sagen, dass man mit den Kollegen wesentlich besser in Kontakt kam, wenn man mit ihnen trank. Die soziale Komponente des Trinkens ... ich lernte unbewusst, was für eine Rolle das Suchtmittel im Leben spielen konnte.

Damals sah ich noch verächtlich auf die Arbeiter im Werkzeugbau hinab, die teilweise schon am Vormittag leicht angetrunken zur Arbeit kamen und morgens zur Brotzeit wie selbstverständlich Bier tranken, oder auch schon mal vom Abteilungsleiter wieder nach Hause geschickt wurden, wenn sie so betrunken waren, dass während der Arbeit Verletzungsgefahren bestand. Vielen sah man ihren Schwips gar nicht an. Ein Kollege wurde erst erwischt, als er die Stichsäge aufräumen wollte und das gute Stück ohne mit der Wimper zu zucken im Kühlschrank verstaute.

Jener Kollege blieb mir bis heute im Gedächtnis, denn er wusste, glaube ich, die ganze Zeit, wie es um ihn bestellt war. Damals war er 35 Jahre jung, er hatte als Lehrling in der Firma angefangen und feierte gerade sein 20-jähriges Jubiläum. Er hatte keine Frau, keine Freundin, kam aus einfachen Verhältnissen und sah für seine jungen Jahre sehr verbraucht aus.

Eines Tages bei einer Betriebsversammlung stand ein Vortrag einer Ärztin auf der Tagesordnung. Alkohol im Betrieb. Die gute Frau wusste, dass sie bei mehreren Hundert Bier trinkenden Proleten nicht den Hauch einer Chance auf offene Ohren hatte. So meinte sie auch folgerichtig: „Ich weiß, Sie denken, da kommt eine Preußin und kann Ihnen hier in Bayern sagen, dass Biertrinken ungesund ist ... (Applaus der

Männer), aber ich sage Ihnen, wenn Sie einen Konsum von zwei bis drei Halben am Tag haben, neigen Sie zum Alkoholismus." Der Wortlaut mag ein anderer gewesen sein, aber die Aussage die Gleiche. Die Arme musste sich auspfeifen lassen, aber als sie mit ihrem Vortrag geendet hatte, sah ich Hans wie ein Häufchen Elend in seinem Stuhl sitzen. Er war den Tränen nahe und der Mund stand ihm offen. Ich verstand damals nicht warum. Heute weiß ich, dass ihn die Ansprache erreicht hatte.

Viele Jahre später sah ich ihn an seinem zweiten Arbeitsplatz wieder, in einer Blaskapelle auf dem Oktoberfest. Er sah grau aus, gegerbt von den Jahren, aber er lächelte. Obwohl mich nichts weiter mit diesem Menschen verband, wünschte ich ihm insgeheim alles Gute. Und, dass er gelernt hatte.

Auf Freiersfüßen

Als ich das damals noch alles mit weitestgehend unschuldigen Augen verfolgte, ereignete sich bei einer der Freitags-Brotzeiten folgendes:

In der Zeit, als das Internet noch in den Kinderschuhen schlummerte, hatten Zeitschriften mit Kleinanzeigen noch Hochkonjunktur, und was man (bzw. Frau) suchte oder zu verscherbeln hatte, wurde jeden Freitag in einschlägigen Wochenblättern feilgeboten. Autos, Möbel, gebrauchte Fahrräder, Umzüge, Transporte, junge Hunde und Katzen und natürlich auch diverse Dienstleistungen zur Befriedigung der männlichen Fleischeslust gab es samt zugehöriger Telefonnummer wöchentlich per Drei- und Vierzeiler.

Die Kollegen im Frühstücksraum bogen sich meistens vor Lachen angesichts der Dienstleistungen, die die „Damen" teilweise anboten. Im gleichen Atemzug wurden allerdings auch Dinge gelesen wie „23-jährige Münchnerin sucht bodenständigen Mann für Freizeitgestaltung und evtl. auch gemeinsame Zukunft". Mit Tränen in den Augen meinte einer der Kollegen aus der Schleiferei: „Eines Tages schreib ich da mal einer." Tja, da war er, der Satz, der in Sekundenbruchteilen mein Leben für die nächsten Jahrzehnte prägen sollte. Ich hatte in diesem Moment meine Form der Partnersuche gefunden. Ich war wohl der Einzige, der diesen Gedanken ernsthaft hegte, und nahm mir im selben Moment vor, das zu tun, worüber sich die anderen lustig machten. Das ist – in aller Bescheidenheit – eine der Charaktereigenschaften, auf die ich eigentlich immer stolz war: Leicht gegen den Strom schwimmen und Sachen versuchen, die für andere undenkbar waren. Was für eine Möglichkeit, sein Leben zu bereichern und Erfahrungen zu sammeln ...

Als ob es verboten wäre, holte ich freitags kurz vor Feierabend diese eine Zeitung aus dem Müll und forstete die vermeintlich seriösen Kontaktanzeigen durch. Langsam überkam mich der Gedanke, dass da irgendwo doch auch junge Mädels rumliefen, denen es so ähnlich ging wie mir. Nun, ich glaube, ich habe noch am gleichen Abend den ersten zaghaften „Chiffre-Liebesbrief" verfasst und damit endgültig das „Schlachtfeld der Liebe" betreten. Es sollten sich viele bittere Niederlagen, aber auch ein paar große Siege auf diesem Schlachtfeld für mich zutragen.

Wer sich selbst als „Ware“ anbietet und sich auf das Abenteuer „Blind Date“ einlässt, der lernt Sachen, von denen andere nur träumen. Im Guten wie im Bösen sei jedoch gesagt.

Meine Taktik war nach einiger Zeit, mich in kurzen Worten anzupreisen und das Inserat – Gott sei Dank kostenlos – mit meiner Telefonnummer zu beenden. Der Rest war „Spinne im Netz“-Verhalten. Einfach Freitagabend daheim bleiben, sich zur notwendigen Entspannung ein oder zwei (oder drei ...?) Bierchen einschenken, dann warten bis das Telefon läutet und am anderen Ende der Leitung jemand sagt: „Du, ich ruf wegen der Anzeige an ...“

Diese Zeit würde ich heute im Nachhinein gerne noch einmal erleben. Natürlich ohne die gleichen Fehler zu machen ... Ich war von zu Hause ausgezogen, begab mich zaghaft auf Freiersfüße, lernte im Beruf die guten und die bösen Menschen kennen, bildete mir Meinungen, Freundschaften, Eigenheiten, bereiste die Welt und tat was ich wollte.

Von einem Kollegen aus der Ausbildung kopierte ich das Bestreben, mehr aus meinem bescheidenen Lehrberuf zu machen, und entschloss mich kurzerhand, weiter zur Schule zu gehen.

Ich meldete mich zur Abendschule für Maschinenbautechnik an. Keine leichte Sache, drei Jahre lang abends noch die Schulbank zu drücken. Aber ich hatte ja nichts zu verlieren. Die Schule kostet keine Gebühren, und wenn ich keine Lust mehr habe, höre ich einfach auf und lasse das Leben auf mich herabregnen ... irgendwas wird sich beruflich sicher noch tun.

Der Weißbierkonsum war zwar Bestandteil meines Lebens, aber damals immerhin noch nicht über die Maßen, sondern im „normalen“ Level. Wie sollte es auch anders sein, es hätte keinen Platz in meinem „Stundenplan“ gehabt. Ich besuchte also von 1990 bis 1993 neben der Arbeit die Abendschule. Ich war schon etwas stolz, die außergewöhnliche Leistung erbracht zu haben, drei Jahre lang jeden Tag von 17.15 Uhr bis 21 Uhr zur Schule zu gehen.

Na ja, das war jedenfalls der offizielle Stundenplan. Erwachsenen „Studierenden“ wurde kein Vorwurf daraus gemacht, wenn man den einen oder anderen Abend nicht auftauchte. Oder wenn, dann nur um im hiesigen Straßenkaffee „Kaktus“ an lauen Sommerabenden über Karrierepläne zu philosophieren. Ich schaffte schließlich den Abschluss, nicht gut, aber das sollte niemanden kümmern. Eine Freundin hatte ich zwar trotz aller Bemühungen noch immer nicht, aber dafür die ersten richtigen Anfälle von depressiven Phasen. Die ersten dunklen Wolken zogen über meiner jugendlichen Unbeschwertheit herauf.

An meinem 25. Geburtstag kam einer der ersten Einbrüche, die wirklich spürbar waren. Ich kam von der Arbeit nach Hause, meine Eltern waren da und hatten sich sichtlich Mühe gegeben, mir den Tag schön zu gestalten. Am Tisch stand neben ein paar Geschenken eine kleine zierliche Torte mit Zuckergußschrift. Ich setzte mich daneben und weinte. Ich kann nicht sagen warum, mit dem „Vierteljahrhundert" hatte ich kein Problem, aber ich fühlte mich hundeelend. Meine Mutter versuchte mich zu trösten, sie sah bereits seit geraumer Zeit, dass ich nachdenklich, ja sogar zurückgezogen war und unglücklich darüber, mit meinen 25 Jahren immer noch keine Freundin zu haben. Mein Vater stand etwas hilflos in diesem traurigen Szenario. Was macht man da? Trost, von Mann zu Mann! Ich ging in die Küche und schenkte für meinen Vater und mich erst mal zwei Weißbier ein. So ging es viele Male, wenn ich Durchhänger hatte, und die kamen ab jetzt öfter. Immerhin war ich mit meiner Arbeit und Abendschule „aufgeräumt" und das Bedürfnis, mir den Kummer wegzutrinken, hielt sich noch in Grenzen.

Letzten Endes stellten sich dann doch die ersten zaghaften Erfolge mit den Kleinanzeigen ein. Im letzten Semester der Technikerausbildung traf ich dann endlich eine junge Frau, die sich deutlich von den anderen „Dates" abhob. Diana sollte meine erste „richtige Freundin" werden, und auch wenn unsere Zeit als Pärchen nicht von Dauer war, prägte unsere darauf folgende Freundschaft mein Leben über viele Jahre. Bei unserer ersten Verabredung kam ich mir wahnsinnig toll vor, als ich sie auf einen „Manhattan" einlud. Der Gedanke, dass sie evtl. keinen Alkohol trinkt, wollte mir gar nicht in den Sinn kommen. Zu normal war das Trinken bereits für mich, obwohl ich bis dahin mein Leben in Bahnen lenkte, die so unnormal nicht waren. Noch hatte ich alle Chancen, eine tolle Karriere und auch eine Familie aus dem Boden zu stampfen.

Als meine neue Flamme leicht beschwipst – aber deswegen keineswegs besser gelaunt als vorher – um ihr Gleichgewicht kämpfte, nahm ich die willkommene Gelegenheit wahr, um sie am Arm festzuhalten. Nun, meine ungeschickten Versuche, ihr näher zu kommen, sollten sich natürlich als wirkungslos erweisen, sie war nicht angetrunken genug, um mich nicht wissen zu lassen, dass ich zu forsch war.

Nach einigen Wochen wurde aus dem Flirt eine Romanze, dann gab es ein paar Meinungsverschiedenheiten, und eh ich mich versah, kam der Satz, den ich von Frauen noch öfters hören sollte: „Lass uns doch Freunde bleiben ..." Ich war in dem Moment der festen Überzeugung, dass noch nie ein Mann so gelitten hatte wie ich. Nun, meine Erfahrungen waren ja auch noch überschaubar.

Ich hatte meine eigene Bude. Mein Schneckenhäuschen. Kein Hotel Mama, wo ich unter Aufsicht war und jemand „Stop" sagte, als ich nach jedem Liebeskummer bzw. enttäuschendem Blind Date nach Hause kam und mir erstmal ein Bier einschenkte. Keiner merkte, was ich getrunken hatte, weil es noch nicht genug war, um am nächsten Morgen auffällig zu werden. Noch nicht.

Nach der ersten Freundin kam die Zweite. Von einer großen Liebe war ich allerdings immer noch weit entfernt. Ich fiel ihr buchstäblich in die Arme, weil in dem Volkshochschulkurs, in dem wir uns kennenlernten, niemand anderes da war. Von Gemeinsamkeiten war bald nichts mehr übrig. Jedenfalls verlor sie schon mal ein ernstes Wort, wenn ich mir nach den Unternehmungen des Tages am Spätnachmittag zu Hause das erste Bierchen einschenkte. „Ich werde nie verstehen, wie man nachmittags schon Bier trinken kann", höre ich noch heute ihre Worte. Ohne groß drüber nachzudenken, wusste ich, dass ich eben dann trinken würde, wenn sie nicht dabei war.

Das war kein bewusster Vorsatz. Mein Unterbewusstsein war bereits darauf programmiert. Es sollte bis zur heutigen Abstinenz dauern, um zu bemerken, wie ich gedanklich darauf konditioniert war, nicht den geringsten Anflug von Einlenken oder Vernunft zu zeigen. Ich wollte nicht. Bier schmeckte einfach und ich war entspannter hinterher. Und warum sollte ich mir vorschreiben lassen, wie ich zu leben habe? Ich bin ja anders, ich hab's ja im Griff.

Meine damalige Schwiegermutter in spe war schwerstabhängig mit der Tendenz zu tödlichen Dosierungen und ich sah, was ein echter Alkoholiker war. Na also. Da ist doch bei mir nichts im Busch. Ich kann ja jederzeit aufhören und hab keinerlei Aussetzer, die irgendeinen stören könnten. Klar verändert Alkohol die Persönlichkeit und macht krank. Ja, er tötet sogar. Doch ich habe kein Problem mit Alkohol.

Dieses Gedankengut war das Fundament, das ich in den folgenden Jahren ausbauen sollte. Eine Festung an Selbstlügen und falschen Einstellungen, die aber bald ihre ersten Tribute fordern sollte. Dass ich mir damit selbst im Weg stand, bemerkte ich nicht. Ich bzw. meine

Herzdamen waren jetzt einem Alter, in dem man schon mal konkrete Gedanken an die Zukunft wagt, wenn man ein paar Mal die Nächte zusammen verbracht hat. Aber tief in meinem Herzen war ich nicht im Geringsten bereit, jemand in mein Leben zu lassen. Gemeinsame Freizeit, gemeinsame Tage und Nächte, am gleichen Tisch und im gleichen Bett, das alles konnte ich zulassen, aber nicht die gleiche Adresse. Da wohnte nämlich schon lange jemand bei mir und der war sehr intolerant. Wer bereits mit dem Alkohol zusammen ist, der wird merken wie eifersüchtig dieser Teufel ist, der niemand anderes in das Herz des Eroberten lässt.

Ich beendete die Beziehung schließlich und hinterließ ein zunächst gebrochenes Herz und dann ein erzürntes. Nach ein paar tränenreichen Tagen kamen böse Briefe von ihr, mit der Aufforderung an mich, ihre paar Habseligkeiten aus meiner Wohnung zurückzubringen. Sie hatte offenbar doch größere Stücke auf mich gehalten, als ich vermutete und mit ihr Schluss gemacht zu haben, sorgte für das erste größere schlechte Gewissen auf dem „Feld der Ehre".

Ich war wieder mit meinem geliebten Weißbier alleine, und die vielen Abende, die es mir Trost schenkte und mir – im Gegensatz zu Frauen – nicht widersprach, waren mir heilig.

Ich dachte, ich wünschte mir eine eigene Familie. In Wirklichkeit war ich dabei, mich davon so weit wie möglich zu entfernen.

In der Zwischenzeit tat sich an den anderen Fronten doch so Einiges. Ich zog um in eine andere Wohnung, zurück in das Stadtviertel, in dem ich aufgewachsen bin. Etwa zu der Zeit schaffte ich auch den Absprung aus der beklemmenden Enge des Werkzeugbaus, in dem ich fast auf den Tag genau vier Jahre geschuftet hatte. Es zogen einige Monate ins Land, in denen sich – mal wieder zufällig – mein beruflicher Weg abzeichnen sollte. Immer unterbewusst im Hinterkopf, dass sich das alles mit dem Bierkonsum verheiraten lassen sollte. Der Maschinenfabrik leierte ich erfolgreich eine kleine Abfindung aus dem Ärmel und erhaschte zufällig eine Anstellung bei einer Kanalsanierungsfirma. Eigentlich dachte ich, es handle sich um einen Hersteller von Pneumatik-Anlagen, aber ich verwechselte die beiden Unternehmen, deren Schreibweise im Telefonbuch die Gleiche war. Ich glaubte mich im Glück, als der Kanalsanierer einen vierstelligen Betrag mehr bot als der Pneumatik-Unternehmer.

Mein Gastspiel dort sollte nur wenige Tage dauern – bis ich mir genauer anschaute, was ich im Arbeitsvertrag alles für Kleingedrucktes unterschrieben hatte. Ich stellte zwar fest, dass die Kollegen in ihren Fahrzeugen immer einen Kasten Bier versteckt hatten und dachte mir insgeheim „Ah, hier kann man's aushalten". Gott sei Dank hielt mich die Tatsache den LKW-Führerschein machen zum müssen, der nur bei einer fünfjährigen Anstellung von der Firma bezahlt worden wäre, davon ab.

Es folgten ein paar Wochen Arbeitslosigkeit, aber verglichen mit der Tatsache, meine Seele für fünf Jahre an einen Haufen noch größerer Trinker verkauft zu haben, war es doch mehr Segen als Fluch.

Die Frau meines besten Freundes verschaffte mir dann zufällig die Stelle, die meine berufliche Laufbahn für die nächsten beiden Jahrzehnte prägen sollte.

„Mechaniker für Arbeit an Fahrzeugcrashanlagen gesucht." Crashtests, Autos an die Wand fahren und dafür noch Geld bekommen. Meine Augen leuchteten wie die eines kleinen Jungen, auch wenn es zunächst nur eine Leiharbeiterstelle war.

Aus der Arbeit mit betrunkenen Fabrikarbeitern wurde Teamwork mit Ingenieuren, aus der Werkstatt ein Schreibtisch und aus dem Leiharbeiter ein Angestellter, der das Gefühl hatte, „angekommen" zu sein. Mit meinem Abteilungsleiter sowie mit den beiden nächst „höheren" Chefs war ich auf Anhieb „per Du". Das Niveau in der Firma war hoch, der Umgang modern, das Produkt (Airbags) war noch in den Kinderschuhen und es gab noch viel zu entdecken und zu entwickeln.

Privat lief es nicht viel schlechter, der wieder aufgenommene Kontakt zu meiner Ex-Freundin Diana erwies sich als Glücksgriff und ich genoss es, eine platonische Freundin zu haben, die gut und gerne als kleine Schwester durchgegangen wäre. Wir konnten jahrelang über alles reden. Es gab nichts, was wir uns verheimlichen mussten, eben weil wir kein Paar waren. Sie hatte einen neuen Freund und war über alle Maßen glücklich und auch ich hatte frohe Kunde parat.

Die Kleinanzeigen schenkten mir das, was ich so suchte. Eine junge Frau, die mir das gab, was ich bis dahin noch vermisst hatte: Das Gefühl, ein richtiger Mann zu sein. Sie hatte ein Baby und ich war von meiner Courage selbst überrascht, aber die komplette Familie gleich in den Schoss geworfen zu bekommen, war zunächst das i-Tüpfelchen schlechthin.

Ich sah mich erstmals in der Rolle, die ich mir immer erträumt hatte: Ein Liebhaber, ein Vater, jemand der einer Frau tiefste Befriedigung schenkt und am Morgen danach dem Baby das Fläschchen gibt. Es schien sich wie im Märchen alles perfekt zu vereinen.

Ich dachte, ich wäre am Ziel meiner Träume. Auch die Tatsache, dass das Baby nicht mein eigenes war, schien mir nichts auszumachen. Auf diese plötzlich verspürte soziale Ader war ich mächtig stolz. Die Blicke meiner Freunde bei der ersten gemeinsamen Gartenparty waren wie Sonnenstrahlen auf meiner Haut, als Marion und ich lächelnd die kleine Janina an ihren Händchen in den Garten führten.

Fredy hat eine Freundin mit Kind. Zu gerne hätte ich Mäuschen gespielt, wenn damals über mich geredet wurde.

Aber das Ganze war anstrengend. Gelegentlich suchte ich nach Möglichkeiten etwas zu trinken, um zur Ruhe zu kommen. Es gab zwar schon mal daheim ein Bierchen zum Essen, und wenn wir alleine waren, spielten wir gerne mal mit einer Flasche Sekt und deren Inhalt Spielchen, aber der Alkohol war nur in „normalen" Maßen präsent.

Macht aber nichts, es bieten sich ja ab und zu Gelegenheiten, von denen man der neuen Freundin nicht gleich alles erzählt. Beim Volltanken des Wagens schnell eine Büchse Bier trinken, fällt nicht auf, und wenn ich den Müll rausbringe, führt der Weg ja auch an der Kellertüre vorbei – passt.

Die Tatsache, dass diese Partnerschaft an ganz anderen Umständen scheiterte, war natürlich für mein Trinkverhaltens gänzlich schlecht. Wer weiß, ob ich mein Tun damals in Frage gestellt hätte, wenn meine Traumfrau mir das Messer auf die Brust gesetzt hätte und ich vor der ultimativen Wahl gestanden hätte. Aber wiederum war ich es, der den Schlussstrich zog und es bevorzugte allein zu sein, statt zusammen mit einer chronisch eifersüchtigen Frau an meiner Seite. Als sie nach drei Monaten begann, mich geradezu rund um die Uhr zu kontrollieren und sogar auf meine wenigen Hobbys eifersüchtig zu werden, wurde es mir zu bunt. Bevor ich „zu ersticken drohte", zog ich denn Schlussstrich. Diesmal fiel es mir weiß Gott nicht leicht, aber ich wollte es so. Und wieder ging ich meiner Wege, nach Hause, wo der Kasten Weißbier nie leer wurde. Diesmal hatte ich immerhin eine wichtige Lektion gelernt: Einer Frau alles zu vergeben nur um mit ihr zu schlafen, ist Selbstmord. Es gibt viel Schlimmeres als ein Leben ohne funktionierende Beziehung. Nämlich ein Leben mit einer nicht funktionierenden Beziehung. Und es ist noch nicht aller Tage Abend. Eines Tages wird das klappen, langsam wuchs mein Optimismus in der Richtung.

Mai 2009, Koma

Ich weiß nicht, wo genau ich bin, welche Jahreszeit wir haben, welches Datum …? Wissen sie daheim, dass ich weg bin? Hat jemand die Polizei gerufen? Ich sehe mich in meinem „Sarg", der an einem Transportband weiterbewegt wird … in die nächste Station dieser futuristischen Maschine, deren Aussehen mehr an die Alien-Filme erinnert. Eine Tür schwenkt auf und ich bin in einem anderen Raum. Ich sehe, dass es draußen schneit, oder ist es Sand auf meinen Augen? Andere Figuren liegen in ähnlichen Behältern in dem Raum und warten darauf, … dass sie gefressen werden? Dass sie befreit werden? Oder sind sie nicht mehr am Leben?

Jetzt erahne ich, wozu diese „neue Station" gut sein soll … Offenbar wird mein zusammengeflickter Torso hier mit Blut aufgefüllt. Ein Schlauchsystem führt in langen Bahnen durch den Raum um dann irgendwo in meinen Körper zu münden. Ähnlich einer Pyramide läuft der Schlauch vom Boden her in steten, sich verjüngenden Windungen nach oben, eine Pumpe treibt das Blut darin voran. Die Luft im Schlauch muss nach unten fließen, wenn das Blut nach oben läuft. Doch halt, was sehe ich da? Die Luftbläschen in diesem Schlauchsystem steigen hoch. Das bedeutet, diese merkwürdige Maschine ist falsch herum eingestellt … Die Luft steigt langsam aber sicher hoch in meine Arterien. Wenn sie durch den Schlauch in meinen Körper gelangt ist, sterbe ich an einer Embolie …

Oh mein Gott, es sind sogar Menschen hier im Raum, dort drüben am Fenster scheint einer in einem weißen Mantel Notizen zu machen, aber er sieht nicht, dass ich hier dem Tod entgegen gehe … Es muss doch jemand sehen, dass die Pumpe falsch herum läuft, aber es scheint gar niemanden zu interessieren. Nackte Angst steigt in mir hoch. Ich will mich bemerkbar machen, kann aber meine Gliedmaßen nicht bewegen. Ich will rufen, doch mir versagt die Stimme … und dann sehe ich, warum ich sterben werde. An der Decke erspähe ich ein glänzendes Messingschild, genau über dem Arzt am Fenster, und auf dem Schild prangt in großen Lettern: „Dr. Tod".

Ich bin verloren, er wird mich holen. Bald sind die Luftbläschen in meinem Körper und Schicksalsergebenheit macht sich in mir breit. In meinen Gedanken sehe ich rechts unten im Raum eine kleine Türe, ähnlich einer Katzenklappe und in meiner Traumwelt flüchte ich hindurch …

Der bewegte junge Mann

Langsam verfestigte sich also mein Erwachsenendasein. Ich trank jeden Tag Bier, hatte damit keinerlei Probleme, suchte – wie Millionen andere auch – eine Partnerin und hatte das Gefühl, dass da „noch was kommt". Mein Junggesellendasein war geregelt, ich war damit weniger unzufrieden als je zuvor und beruflich war ich – wenn auch bescheiden – auf dem aufsteigenden Ast. Die Regelmäßigkeit beim Biertrinken wurde allerdings zum Problem, das langsam aber stetig heranwuchs.

Wenn ich drüber nachdenke, kommt es mir so vor, als wenn ich mir, insbesondere während meiner Beziehungen, selbst eine Fußangel gelegt hatte. Ich strickte mir in meinem Kopf die Idee zusammen, dass ich „ein wenig" mehr trinken könnte, wenn ich nur die Gelegenheiten dazu ausnützen würde. So, dass es keiner merkt. Dann kommt auf das Bier beim Essen oder das Glas Wein beim Fernsehen, locker nochmal die doppelte Menge, ohne dass es jemanden wirklich stören würde. Ich tappte allerdings in eine Falle: Das Leben, das ich mir auf diese Weise gestaltete, bot viel mehr Gelegenheiten, als ich vorher vermutete. Was ich auch nicht wusste, aber mit den Jahren von selbst herausfand: Der Trinker schafft sich Gelegenheiten in hintersten Winkel der Erde. Nicht nur, wenn sie sich ergeben.

Das Bier im Keller, das beim Auto volltanken, eines, wenn man die Eltern besucht, es gibt immer eine Gelegenheit zu trinken. In jeder Lebenslage und zu jeder Zeit. Und es gibt nichts auf der Welt, bei dem der Alkoholiker nicht sagen würde: „Jetzt wär ein Bier recht."

Das Ganze wird natürlich rund um die Uhr angeheizt vom Bild in der Öffentlichkeit, von den Medien, der Gesellschaft, der Werbung, alles trichtert einem ein, dass man zu dieser und jener Gelegenheit jetzt einen zur Brust nehmen sollte. Um ..., ja um was? Um zu beweisen, dass man ein ganzer Kerl ist? Um eine Situation zu krönen bzw. ihr einen Stellenwert zu geben, den sie vorher noch nicht hatte?

„Wenn einem so viel Gutes widerfährt, das ist ein Mineralwasser wert."

„Wie das Land, so die Orangenlimo."

„Birnensaft, ja gibt's denn was Schöneres?"

Man stelle sich diese einschlägigen Bierwerbungen mit entsprechend geändertem Text vor. Das würde keinem Menschen im Ernst einfallen. Nein, der Superlativ endet mit dem Genuß von Bier. Für jemanden, der nicht resistent ist, geht diese Werbung unter die Haut. Sie suggeriert einem, das zu bekommen, was einem fehlt. Ein Ziel, Anerkennung, Werte, Gutes, Schönes, Selbstwertgefühl.

Mein mangelndes Selbstwertgefühl. Die schlimmsten Krankheiten werden die, die man lange nicht behandelt, weil man sie nicht bemerkt. So war es mit meinem Ego leider auch. Wäre ich selber mit mir im Reinen gewesen, hätte ich viel eher Liebe zu meinem Körper und meiner Gesundheit empfunden. Aber wer schon als Kind von Gleichaltrigen gemieden wird und nicht versteht warum, der schaut eben irgendwann in den Spiegel und glaubt eines Tages, was die anderen sagen. Jedenfalls habe ich mir irgendwann keine großen Sprünge mehr zugetraut, weil es sonst auch keiner tat.

Ich liebte meinen Vater und tue es post mortem immer noch, aber in punkto Selbstbewusstsein warf er mir mitunter Knüppel zwischen die Beine, die meine kindliche Seele nie vergaß. „Mein Sohn", sagte er mit dem Bierglas in der Hand, „ist so sportlich, der findet nicht mal den Eingang der Turnhalle." Schallendes Gelächter. Ich weiß nicht, was damals schlimmer war, die Bloßstellung oder die Tatsache, dass er Recht hatte.

Ich hatte mangels Zuspruch in solchen Bereichen angefangen, mir meine Belohnung selbst zu geben. Mit dem verdientem Schluck danach. Nach allem. Ich wollte mich abheben. Mit irgendetwas, dass ich anders machte als andere. Dachte ich wirklich, es ist bewundernswert, wenn man statt Sport zu betreiben mehr trinken kann als der Durchschnitt? Ich fand nichts Bewundernswertes oder gar Liebenswertes an mir, zu langweilig erschien alles an mir. Da muss man doch ein paar Ecken und Kanten haben, mit denen man hervorsticht. Das Kopfschütteln der anderen war besser als gar keine Aufmerksamkeit. Schlechte Publicity ist besser als gar keine, dachte ich unterschwellig. Schließlich habe ich es mit eigenen Augen gesehen: Jeder Mensch, der genügend Ausstrahlung hat, wird besser von der Umwelt akzeptiert und findet schneller jemanden, der ihn liebt als einer, der gar keine Ecken und Kanten hat.

„Jetzt hab ich mir aber ein Bier verdient." Ich habe angefangen mich zu loben, in einer Welt, in der ich kein Lob zu erwarten hatte. Im Beruf? Ja, aber doch eher selten. Und wenn, welchen Stellenwert hat das fürs Menschsein? Ich bin eine gute Ameise, zahle Steuern und funktioniere. Gut fürs System, schlecht für die Seele. Darauf trinken wir jetzt aber einen, das muss gefeiert werden. Was bleibt ist die Traurigkeit danach.

Ich habe damals mangels Selbstreflektion die Situation weder erkannt noch wahrhaben wollen. Die materielle Situation war zu gut, als dass ich mir eingestanden hätte, abgrundtiefe Defizite zu haben. Der tägliche Bierkonsum war gegen Ende Zwanzig ein normaler Bestandteil meines Lebens und ich hatte mich nicht im Geringsten damit beschäftigt, ob dies nun eventuell schlecht für mich sei. Die Fangschlinge der Sucht zog sich zu, ohne dass ich es merkte. Es klappte ja fast alles in meinem Leben, und so brauchte ich mir keine ernsten Sorgen zu machen.

Noch war es nicht soweit, dass es einen Leidensdruck gegeben hätte, der mich in den Grundfesten zum Nachdenken bewegt hätte. Dann kamen aber die ersten „richtigen" Denkanstöße. Aber auch die ließ ich an mir abgleiten. In meiner – mittlerweile geliebten – Arbeit herrschte wie gesagt ein offener, liberaler Umgangston und dazu gehörte auch, dass Tacheles geredet wurde. Und zwar sachlich. Keine Beschuldigungen, keine Anklagen, aber Feststellungen und Fragen. Und so fragte denn auch mein Gruppenleiter im Beurteilungsgespräch, wie es denn prinzipiell mit meinem Alkoholkonsum aussähe. Hintergrund der Frage war in erster Linie, dass die Firma Produkte für die Sicherheit und Unversehrtheit der Autofahrer herstellte, und da ist Alkohol das Letzte, was dazu passt. Schließlich hatte ich mir bei der erst besten Gelegenheit auch hier schon mal mit den Kollegen in der Mittagspause ein Weißbier genehmigt. Und einmal auch ein Zweites. Dass ich damit auffallen würde, wollte ich nicht hören. Ich wollte es nicht mal als Schuss vor dem Bug sehen, als mir der Chef sagte, ich sei auch im Supermarkt nebenan schon mal mit der Bierbüchse gesehen worden.

Tja, da war ich besonders schlau. Dachte ich wirklich, dass es damit besser wird, wenn ich außerhalb des Firmengeländes trank, in der Hoffnung, dass es damit weniger auffällt?

Bei allen Erklärungen, die ich heute für mein Tun anführen kann, eins kann ich mir nicht vergeben: Diese Art von Naivität, ja sogar Dummheit. Noch hatten mich damals die Depressionen und die seelischen Verschleißerscheinungen des Trinkens nicht so erreicht, als dass mein Verstand nicht noch funktioniert hätte. Mitte der 90er war die Zeit, in der die Worte „selber schuld" am ehesten auf mich zutrafen.

In der Zwischenzeit war mein Vater an Prostatakrebs erkrankt und je mehr Zeit ins Land strich desto mehr kristallisierte sich heraus, dass es nicht mehr lange gehen würde. Er war krank, musste sein Geschäft schließlich aufgeben und war dazu verurteilt, ein bescheidenes Rentnerdasein zu führen, das keine großen materiellen Sprünge zuließ und seine Höhepunkte – positive wie negative – in den quartalsmäßigen Blutuntersuchungen fand. Hätte man einem solchen armen Mann auch noch einen Vortrag über Alkoholmissbrauch halten sollen? Mein Vater war von da an stets auf seine Gesundheit bedacht und schaffte es auch, in höherem Alter immer wieder seine monatelangen Trinkpausen einzulegen. Stolz erzählte er sogar dem Arzt: „Herr Doktor, ich habe jetzt schon drei Monate nichts mehr getrunken." Leider geriet er aber an einen bayerischen Kollegen, der wohl selbst den Genüssen des Lebens nicht abgeneigt war und der meinte: „Wozu soll denn das gut sein?"

Tja, da war sie wieder, die Bestätigung, die ich sicher auch noch im letzten Loch gefunden hätte: Bier ist nicht ungesund. Dass wir vielleicht auch die Dosis als Maßstab heranziehen sollten, versteckte ich in den Tiefen meiner Seele, wo das Wissen über den Sachverhalt aber schon lange schlummerte.

Erste Probleme im Beruf

Seit kurzem wurde im Betrieb mit gutem Beispiel vorangegangen. Jedweder Alkoholkonsum im Firmengelände wurde verboten und es wurde außerdem ein Suchthilfeprogramm ins Leben gerufen. Hilfe statt Strafe war das Motto. Und so kam eines Morgens ein Email meines Gruppenleiters mit der Anfrage, wie es denn wäre, wenn ich mal ein Gespräch mit dem betrieblichen Suchtkrankenhelfer führen würde. Ich wurde in jenem Personalgespräch damals als „Quotentrinker" auserkoren. Der Fall war klar. In einem Betrieb mit knapp 1000 Leuten müssen, gemäß jeder bekannten Statistik, ein paar Alkoholiker dabei sein. Und um dem Suchthilfeprogramm Sinn zu verleihen, muss dafür natürlich Klientel gefunden werden.

Nachdem natürlich keiner in einer Firma freiwillig als Erster zum neuen „Kollegen Suchtberater" gehen würde, musste mittels Gesprächen in jeder Abteilung der eine oder andere gefunden werden, der da mal ran mussten. Natürlich unverbindlich, und auch nur um mir zu helfen, bzw. mir über meinen Status klar zu werden. Es wird anonym behandelt und wird keinerlei negative Folgen für mich haben. Ich vereinbarte also einen Termin mit dem guten Mann, von dem ich nichts wusste, außer dass er „selbst Betroffener" war und es in Zukunft schön blöd sein würde, wenn man ihm auf dem Flur begegnete. Was werden in Zukunft die Kollegen denken, wenn man den Suchtkrankenhelfer wie einen alten Bekannten grüßt? Das ist ja fast so, als wenn man beim Einkaufen mit der Ehefrau von seiner Geliebten gegrüßt wird. Auf was hab ich mich da wieder eingelassen?

In dem Gespräch selbst war ich nach den anfänglichen Schwierigkeiten recht locker und aufrichtig. Ich kann heute noch nicht sagen, dass ich den Mann wirklich angelogen hätte. Er war vertrauenswürdig. Und bei allem „Krieg", der zwischen Arbeitgeber und Arbeitnehmer stets herrscht, ich musste jetzt mit offenen Karten spielen. Totales Abstreiten wäre erstens falsch gewesen und zweitens automatisch verdächtig.

Er erzählte mir von seiner Zeit als „nasser Alkoholiker" und seinem Lebensweg im Allgemeinen. Seine Zeit beim Bund, das Scheitern der Ehe, die zweite Ehe mit einer Kollegin, Betriebsratszugehörigkeit und Ausbildung zum Suchtkrankenhelfer bis zum heutigen Tag. Ich hörte zu, zog Parallelen – soweit ich welche fand – und räumte ein, dass das Trinken in meinem Leben ein Thema war, ich aber nicht 100%ig sagen könnte, ob es wirklich ein Problem ist. Jahre später habe ich mir sagen lassen, dass sich der Mann mit seiner Einschätzung mir gegenüber nicht ganz sicher war. „Der Fredy? Ich weiß nicht, ob da nicht doch was ist ..." So ähnliche Worte soll er gebraucht haben.

So, wie aber stellt man fest, ob man ein Problem hat oder nicht? Und eine Pauschalaussage gibt es eben auch nicht immer. Selbst in der Schulmedizin ändern sich die Einstufungen und deren Begriffe von Zeit zu Zeit. Wer ist nun Alpha-Trinker, Gamma-Trinker, Quartalssäufer oder Spiegeltrinker? Und woher weiß ich, zu welcher Sorte ich gehöre? Und wenn, was mache ich dann mit der Erkenntnis? Außer dass ich mich mit dem Thema beschäftigte – und das eigentlich schon eine Aussage in sich ist – wusste ich keine Antwort.

Hierzu erzählte mir der Kollege von seiner Methode:

„Nun, das lässt sich herausfinden", sagte er, „machen wir doch folgende Übung: Trink heute erst nach 20 Uhr dein Getränk." Und dann, ab 20 Uhr auch nur zwei Gläser davon! (O. K. Dann werde ich halt Maßkrüge nehmen, ist doch klar ...)

Und jetzt achte darauf: Wartest du, bis es 20 Uhr wird? Kannst du es evtl. gar nicht abwarten und wirst ungeduldig? Und dann? Trinkst du den ersten Schluck schnell und schüttest die erste Halbe regelrecht in dich hinein? Und bleibt es auch dabei? Nur zwei „Einheiten"? Sollte diese Übung ohne weiteres gelingen, ist es nicht so schlimm um dich bestellt.

Was soll ich sagen? Ich habe es nicht einmal versucht. Es war kein Gedanke dran zu verschwenden, dieses Experiment einzugehen, ich konnte schon lange nicht mehr abwarten oder aufhören.

Aber in einem anderen Punkt kroch ich zu Kreuze. Der Kollege in der Firma verwies mich zu jemand wesentlich kompetenteren, nämlich an das nächstgelegene Gesundheitsamt. Dort gab es Anlauf- und Beratungsstellen. Er rief dort für mich an und bekam kurzfristig einen Termin, was angeblich gar nicht selbstverständlich war. Und so fuhr ich also unbeschwert nach der Arbeit quer durch das beschauliche Dachau zum nächsten Gespräch über Alkohol.

Ich fragte mich schon von Zeit zu Zeit allen Ernstes, was nötig sei, um aus freien Stücken einmal ein Leben ohne mein geliebtes Bier zu führen, aber der Gedanke schien mir immer noch völlig unvorstellbar. Und so führte mich der Weg vor der Suchtberatung erst zur Tankstelle um einen neuen Kasten Bier zu holen, damit der Vorrat nicht zur Neige ging. Ich freute mich schon auf Zuhause nach dem langen Arbeitstag und dem aufregenden Gespräch, das ich gleich führen würde. Ich hatte ja schließlich keine Schwellenangst, was intime Gespräche anging, im Gegenteil. Mein Interesse an Psychologie war ungebrochen und auch die Bereitschaft, an mir zu arbeiten war da. Nur wann und in welchem Ausmaß, wollte ich alleine bestimmen. Dachte ich. Ich war schon lange fremdbestimmt, nur dass mir das als Freundschaftsdienst vorgegaukelt wurde. Der Seelentröster Alkohol hatte mich voll im Griff, auch wenn der Griff noch locker war. Ich wehrte mich nicht dagegen.

Zunächst war ich sehr angenehm überrascht als ich das Arbeitszimmer des Psychologen betrat. Er trat an mich heran und nahm mir die Jacke ab. Höflich bot er mir einen Stuhl an und behandelte mich wie man es von einem Herrn der alten Schule erwarten würde.

Er gab Suchtkranken das, was sie am meisten an sich selbst vermissen: Würde. Respekt. Behandelt zu werden wie ein Individuum. Er gab mir das Gefühl, dass ich es wert war, gut behandelt zu werden. Sein Gespür war beeindruckend. Endlich ein Gespräch auf neutraler Basis. Die anderen Besprechungen in der Arbeit hatten mich zwar nicht persönlich angegriffen, aber ich fühlte mich eben doch in der Defensive. Und hier konnte man reden wie einem der Schnabel gewachsen war. Leider kamen auch hier keine großen Erkenntnisse zu Stande, die mein Dasein in den Grundfesten ändern sollten. Wir verblieben mit der Vereinbarung, dass ich eine nahegelegene Selbsthilfegruppe besuchen sollte, um mir mal anzusehen und anzuhören, was Alkoholiker zu sagen hatten, die die Sucht schon überwunden hatten oder noch mittendrin waren.

Die Selbsthilfegruppe war ebenfalls in Dachau. Ich hatte keine Scheu beim Gruppenleiter anzurufen und mir einen Termin für die Sitzungen geben zu lassen. Vor solchen privaten Anrufen habe ich seltsamerweise keine Angst. Nur im Büro ist das Telefon mein ärgster Feind.

Meine Vorbereitung auf diese Gruppe war einfach. Erstens viel zu früh ankommen und ja nichts zu versäumen und rechtzeitig genug drei Weißbier intus zu haben um den Kopf ein bisschen frei zu kriegen.

Als die Ersten eintrafen, sprach mich der Chef der Truppe an: „Bist du der, der auf Bewährung raus ist?" Meine mitgebrachte Solidarität zu Alkoholikern bzw. meine Offenheit der Situation gegenüber sank schlagartig in den Keller. „Nein", sagte ich, „Ich habe gestern angerufen und den Termin vereinbart." Lächelnd meinte der Gruppenleiter: „Ach, wenn nur jeder Zehnte kommt, der anruft, dann wäre es schon viel."

Die Vorstellung lief so wie ich es aus diversen Filmen kenne, allerdings bis heute nicht mehr in der gleichen Art gesehen habe. Man stellt sich vor mit dem berühmten Satz: „Hallo, ich bin der so und so und ich bin Alkoholiker."

Alkoholiker, die zu dem stehen, was sie sind. Das verstand ich und fand es gut. Nachdem ich immer noch nicht wusste, ob ich wirklich hierher gehörte, stellte ich mich entsprechend vor: „Ich bin der Fredy und ich weiß nicht, ob ich Alkoholiker bin, aber ich möchte es mit eurer Hilfe herausfinden."

Ich beteiligte mich an den Gesprächen der Gruppe offen und ohne Vorurteile. Aber ich konnte nichts von dem Besprochenen auf mich ummünzen oder mich mit irgendwelchen Beiträgen aus der Runde identifizieren. Ich war noch in einer völlig anderen Lage. Es passte auch nicht in mein Weltbild, mit einem entlassenen Strafgefangenen verwechselt zu werden. Nein, das war keine brauchbare Hilfe für mich. Die Gruppe war in Ordnung, aber es war eine Gruppe, die der Nachsorge dienen sollte und soweit war ich ja noch lange nicht.

Wenige Tage nach meinem ersten und letzten Besuch dort bekam ich zum Geburtstag eine Glückwunschkarte mit der Unterschrift von allen Teilnehmern, die ich nur ein einziges Mal im Leben gesehen hatte.

Das nahm ich im Herzen mit: Ich war von völlig Fremden bedacht mit guten Wünschen und wurde sofort angenommen. Nur weil ich einmal dort war. Unter Alkoholikern. Ich war bis weit in die Zukunft hinein von dieser unscheinbaren Postkarte beeindruckt. Das war mir neu.

Ich hatte der Pflicht also genüge getan. Ich war beim Suchtkrankenhelfer, im Gesundheitsamt und in einer Selbsthilfegruppe. Und genauso schlau wie vorher. Bis auf die Tatsache, dass ich seitdem ein schlechtes Gewissen beim Trinken hatte. Und ich kam mir vor wie jemand, der gelernt hatte, wie eine Bombe funktioniert und mit diesem Wissen jetzt eine entschärfen soll. Immerhin wusste ich jetzt schon mal ein wenig Bescheid „in der Szene". Ich antwortete auf das Email meines Gruppenleiters, dass ich seinem Wunsch nachgekommen war, worauf hin er sich auch ordentlich bedankte. Thema erledigt, oder?

In der Zwischenzeit tat sich außerhalb der Suchtthematik eine ganze Menge in meinem Leben. Es war das Alter, in dem sich der junge Mann Lebensträume erfüllt. Der Höhepunkt war ein dreimonatiger Trip nach Australien und Neuseeland. Alleine. Ich kann von Glück reden, dass mir damals mein Körper noch „gehorchte". Vom Abflug in London bis zur letzten Fahrt im Greyhound Bus in Sydney lag ich nie auf dem Trockenen. Im Terminal in Heathrow lachte ich mir eine Mitreisende aus München an, mit der ich gleich in der Flughafenbar ein paar Guinness trank. Damit man auf dem Flug gut schlafen kann. Ein anderes Mädchen, mit dem ich im Urlaub in New South Wales am Stand flirtete, bemerkte ganz richtig: „Dich seh ich immer mit 'ner Büchse Bier in der Hand."

Kein Wunder, dass außer flirten da nie „mehr passierte", welche Frau mag so etwas.

Aber wie schön waren diese Gefühle als ich nach anstrengender Anreise in einer gemütlichen Bar in Auckland das hiesige Bier probierte und mich nach dem Dritten entspannt und glücklich fühlte. Die aufschäumende Euphorie des leichten Rausches ließ in mir den Entschluss reifen, mir mehr zuzutrauen und im Linksverkehr von Neuseeland doch ein Mietauto zu nehmen und die Insel auf eigene Faust zu erkunden. So war das nun mal, ab einem bestimmten Level sorgte die Mischung aus Rausch und Mut dafür, dass man Gedanken entwickelt, die weder in nüchternem noch volltrunkenem Zustand möglich gewesen wären.

Australien und Neuseeland waren ein Traum. Gereift und weltbereist kam ich nach drei Monaten nach Hause.

Daheim wartete damals meine nächste zukünftige Ex-Freundin auf mich. Soll heißen, eine Beziehung, die sich mal wieder nach knapp zwei Jahren als gescheitert erweisen sollte. Es war wieder ein netter Versuch, zwei Leben unter einen Hut zu bringen, aber erneut waren wir beide zu sehr in unseren Schienen festgefahren, als dass es für eine gemeinsame Zukunft gereicht hätte. Die Liebe war einfach nicht groß genug. Die Debatten über Grundsatzfragen wie meinen Alkoholkonsum kamen nur im Ansatz zu Tragen. Es waren mehr unsere grundsätzlich verschiedenen Interessen, die uns auf Distanz voneinander hielten. Wir trennten uns im Guten.

In der Zwischenzeit wechselte ich bei der Arbeit die Abteilung. Es gab hin und wieder die Möglichkeiten eines Austausches zwischen den einzelnen Testcentern, und ich wurde für ca. ein Jahr in der Gruppe eingesetzt, in der ich vor Jahren als Aushilfskraft begonnen hatte. Nur jetzt hierarchisch etwas „höher" angesiedelt, als Testingenieur und nicht als Mechaniker.

Dieses interne Gastspiel endete nach der anberaumten Zeit aus rein dienstlichen Belangen wieder. Aber zwei Begebenheiten habe ich aus der Zeit in Erinnerung, die mit meiner Alkoholabhängigkeit unmittelbar in Zusammenhang standen.

Die Abteilung der dynamischen Versuche war auch räumlich anders strukturiert als meine alte Abteilung. So gab es unter anderen einen eigenen Aufenthalts- und Pausenraum mit Kaffeeküche, Kühlschrank und allem Zubehör. Die Getränkekisten wurden einmal wöchentlich von einem Lieferanten gefüllt.

Im Laufe der Zeit meldete sich bei mir ein Gefühl, das mir bis dahin noch unbekannt war und ich von daher auch nicht einordnen konnte. Suchtdruck.

Ich begann in der Firma das zu tun, was ich schon mehrfach privat praktiziert hatte: Ich versuchte heimlich zu trinken. Was, wie man weiß, für den Alkoholiker kein Problem ist, man wird ja schließlich erfinderisch. In besagtem Frühstücksraum fand ich auch einen Kasten Jever Pils. Nicht gerade das beste Bier auf Gottes Erden, aber ein kleines Pils ist besser als gar nichts.

Und wieder war ich unterwegs wie ein Dieb in der Nacht und schlich mich in den Aufenthaltsraum und kippte ein kleines Jever Pils hinunter. Ich machte auf der Getränkeliste bei Cola ein Kreuzchen. Heimlich trinken ja, aber stehlen wollte ich dann doch nicht. Ich ließ den Kronkorken verschwinden und achtete auch auf die Anzahl der vollen bzw. leeren Flaschen im Träger. Und – es ist fast peinlich – ich guckte mich in der Halle um, ob nirgends Videokameras installiert waren.

Erneut kam ich mir „erfolgreich" vor. Allerdings nur zum Teil. Die eigentliche Wirkung blieb aus. Zwar hatte ich einen „strategischen Erfolg" – keiner kann mir verbieten, was ich brauche ... – aber irgendwas fehlte. Jedenfalls stieg mein Puls eher, als dass er sich senkte. Und mein Kopf kreiste, die Gedanken jagten, ich fühlte mich getrieben und unwohl. Also ein zweites Jever. Jetzt kam gar keine Wirkung mehr außer der bittere Pils-Geschmack ... Ich war heilfroh, als ich zu Hause war und mein geliebtes Weißbier hatte. DAS ist doch Geschmack ...

Dieses Spielchen ging eine ganze Weile so und in meiner Naivität sagte ich mir, dass es eben der urwüchsige Geschmack des Weißbiers ist, der mir gut tut. Was war passiert? Lange später bemerkte ich, dass ich im Frühstücksraum „Jever Fun" getrunken hatte. Die alkoholfreie Variante aus dem „hohen Norden".

Damals bemerkte ich das nicht, aber im Nachhinein erklärte es einiges. Das Gehirn wollte den Trieb des unerlaubten Handelns ausleben und sich seine Belohnung holen. Jagen, anschleichen, Beute machen, fangen und – nein, nicht töten – sondern trinken. Mission erfüllt. Nur der Körper tat nicht so wie ihm befohlen, sondern das, was er immer tat, wenn ihm der Stoff versagt wurde: Er rebellierte. Ich kam damit nicht klar, weil der Verstand der Meinung war, Bier getrunken zu haben. Warum kehrt keine Ruhe ein, wenn ich doch meinen Stoff gerade erhalten habe? Wenn es letzte Anzeichen der körperlichen Abhängigkeit gebraucht hätte, dann waren es diese. Das Kind war in den Brunnen gefallen. Und ich ahnte es. Zunächst aber nur unterschwellig, weil ich die Erklärung noch nicht parat hatte, aber ich spürte es in jeder Faser meines Körpers. Ich fühlte mich nicht wohl, ich war getrieben, unruhig, unfähig, meine Gedanken bei einer Sache zu lassen oder mich zu konzentrieren. Es begann sich etwas zu verändern. Und das kam dann bald zu Tage und läutete die Zeiten ein, die mich endgültig in Richtung Todeswünsche lenken sollte: Panikattacken.

Mai 2009, Koma

... Nepal. Auf einmal finde ich mich in meiner Traumwelt im Himalaya wieder. Meine Frau und ich gehen in Sandalen auf Höhen über 4000 Meter und geraten in Schneestürme, während die Temperatur rapide sinkt ... Endlich erreichen wir eine Hütte, in der wir uns ausruhen können. Ich muss meiner Frau erklären, dass wir sofort wieder absteigen müssen, wir sind in akuter Lebensgefahr. Die Fixierbänder an meinen Armen erkenne ich als nepalesische Gebetsfahnen und kann mich nicht bewegen. Andere Bergsteiger liegen auch in der Hütte und ich versuche verzweifelt, jemanden auf mich aufmerksam zu machen. Wir müssen hier raus, es kommen bereits andere Bergsteiger in die Hütte, die am Ende ihrer Kräfte sind. Endlich, hinter meiner Frau, sehe ich Menschen die Türe hinausgehen, ins sichere Tal. Dort ... heim ... Ich stammle Wortfetzen in Todesangst, aber meine Frau schaut mich nur an und sagt: „... nein, Schatz". Mein Gott, mir wird klar, wie ernst die Lage ist. Sie versteht nicht, dass wir hier weg müssen und mir wird schlagartig klar, dass ich die schwerste Entscheidung meines Lebens treffen muss, wenn ich überleben will. Ich muss meine Frau zurücklassen und alleine gehen. Ich versuche mich hochzuhieven, aber ich komme nicht weit. Ich werde sterben, wir werden erfrieren nur wegen der Uneinsichtigkeit meiner Frau ...

Aus Nepal macht mein Gehirn plötzlich Florida. Ich stehe in den Weiten der Everglades, auf einem riesengroßen Parkplatz, auf dem sich offenbar Hunderttausende Menschen versammelt haben um ... ich weiß nicht warum, aber sie alle drängen mich in einem Raum, der hell und heller wird. Ein klaustrophobisches Gefühl und das Empfinden unendlicher Hilflosigkeit überkommen mich. Der Himmel scheint sich zu drehen und ich werde wohl hinausgezogen in die Unendlichkeit des Universums. Dass dort Dimensionen, Kräfte und Atmosphären jenseits unserer Vorstellung herrschen, ahne ich. Aber nicht die Lautstärke, die dort herrscht und mich bestimmt in wenigen Augenblicken töten wird. Schicksalsergeben wartete ich auf den Tod. Von weit her höre ich noch eine Stimme zu mir sprechen, aber ich kann die Worte nicht verstehen ... war es meine Frau, die aus der Unendlichkeit zu mir sprach? Ich wünschte nur, es möge schnell gehen. Der Tod ist schlimm ...

Tsunami im Gehirn

Wenn es etwas in meinem Leben gibt, von dem ich sagen kann, dass ich es meinem ärgsten Feind nicht wünsche, weil es so schlimm ist, dann Panikattacken. Wohl aber würde ich mir andererseits wünschen, dass die Menschen um mich herum es einmal erlebt hätten, denn dann – und nur dann – würden sie wissen, von was ich rede. Man kann Panikattacken nicht beschreiben.

Wenn das Denken, Fühlen und Handeln des Menschen im Gehirn von Impulsen gelenkt ist, dann stelle ich mir diese Impulse wie kleine Bäche von klarem Wasser vor, die wie eine ins Meer zurückfließende Welle zwischen den Steinchen am Strand ruhig ihre Bahnen ziehen. Jede neue Welle lässt die Gedanken in die eine Richtung schweifen und dann wieder zurück dahin, wo sie hergekommen sind, ruhig, im steten Kreislauf der Natur.

Eine Panikattacke hingegen ist wie ein Tsunami im Gehirn. Wie ein Sog wird in einem Moment alles angezogen, was vorher seinen Platz hatte, um im nächsten Moment von einer riesigen undefinierten Welle von Schlamm und Schmutz überflutet zu werden. Wo eben noch die Gefühle eines ganz normalen Augenblicks vorherrschten, kommen urplötzlich Beklommenheit, Enge, Schweißausbrüche und Angst. Namenlose, unbeschreibliche Angst. Und Kontrollverlust. Schlagartig überkommt einen das Gefühl wie aus Glas zu sein, man meint ein jeder sieht durch dich hindurch, erkennt deine Schwächen, lacht dich aus, greift dich an. Es zerfrisst dich, dieses Gefühl.

Und dann die körperlichen Symptome: Herzrasen, Platzangst, Zittern, vor lauter Enge-Gefühl bekam ich augenblicklich Stuhldrang. Ich dachte ich werde wahnsinnig, ich kann doch nicht von einer Sekunde auf die andere Durchfall bekommen. Und dennoch, die Angst in die Hosen zu machen, übermannte mich derart, dass die unkontrollierten Gefühlsausbrüche in mir sich gegenseitig antrieben. Auf der Toilette hockte ich nur noch wie ein Häufchen Elend und hoffte, dass die Wände doch meterdick sein mögen, auf das ich abgeschirmt vom Rest der Welt bin.

Mein erstes Erlebnis dieser Art war eben in der Arbeit und schockierte mich dermaßen, dass ich mir nicht anders zu helfen wusste und bei meinen Eltern anrief, dass sie mich bitte abholen und zum Arzt fahren sollen. Ich hatte mich früher ans Steuer gesetzt, als ich betrunken war und hätte mir das – leider – wieder zugetraut, aber in einer Panikattacke erschien mir der Gedanke an Autofahren wie Selbstmord.

Der Doktor beruhigte mich einigermaßen und erklärte mir das Wesentliche über Panikattacken. Das Wichtigste: Die körperlichen „Aussetzer“ sind nicht real. Ich werde bei einer Panikattacke keinen Herzinfarkt bekommen und auch nicht den Verstand verlieren. All das sind Signale, die aus dem Hirn gesendet werden, obwohl es in Wirklichkeit gar nicht so ist. Praktisch ein „Fehler im Schaltkreis“. Den Rest kann man zunächst mit Beruhigungsmitteln in den Griff bekommen. Tavor wurde mir hierzu verabreicht.

Wer sich mit Suchtkrankheit im Allgemeinen auskennt wird jetzt wissen, dass das der nächste Schritt in der Suchtkarriere sein kann. Nicht selten gehen Alkohol- und Medikamentensucht Hand in Hand. Um es kurz zu machen, ich sollte nicht süchtig nach Tavor oder anderen Benzodiazepinen werden, allerdings haben sie seitdem mein Apothekerkästchen nie wieder verlassen. Die Panikattacken sollten über zehn Jahre lang bleiben und die zeitlichen Abstände zwischen ihnen geringer werden, bis zu dem Tag als ich beinahe gestorben wäre.

Es half nichts, es musste Nägel mit Köpfen gemacht werden. Ich ließ mich ein paar Tage krankschreiben und begann einen radikalen Schnitt: Ich ging zum Kühlschrank und kippte meinen momentanen Biervorrat in die Spüle. Dabei handelte es sich um ein paar „Besonderheiten“ wie irisches Guinness, das ich extra für besondere Anlässe gekauft hatte.

Ich war damals tatsächlich zu solch radikalen Schritten fähig. Ich ahnte bzw. wusste, dass mein Zustand mit dem Alkohol zu tun hatte. Ich wollte mir beweisen, dass es anders geht. Und dass ich auch dazu in der Lage bin. Die erste, schwere Panikattacke war ein Schuss vor den Bug, der richtig wehtat. Ich spürte dabei nicht nur die namenlose Angst viel stärker als je zuvor, sondern auch das schlechte Gewissen, das mich zermarterte. Und wie sonst sollte ich mich von dem befreien als mit einer „Opfergabe“. Ich schüttete also mein heißgeliebtes Bier weg und hoffte auf eine „himmlische Absolution“.

Ich hielt meine erste Abstinenz seit langem auch eine ganze Weile durch. Sogar ein Ausflug unter trinkfreudigen Fußballfans machte mir nichts aus. Eine 20-stündige Busfahrt nach Barcelona zu einem der denkwürdigsten Champions League Finals aller Zeiten überstand ich ebenso „trocken“ wie die unglaubliche Niederlage meiner geliebten

„Bayern" gegen Manchester United. Nochmals 20 Stunden Rückfahrt waren kein Problem.

Die Wogen des Frühjahrs 99 glätteten sich und zurück in meiner alten Abteilung sah ich mich wieder Veränderungen und Neuerungen in der Organisation gegenüber. Mein Gruppenleiter hatte mal wieder gewechselt und jetzt hatte ich den Unbeliebtesten von allen, weil er einer „vom alten Schlag" war, der so gar nicht ins Bild der jungen Mannschaft passte. Aber ich orientierte mich ja eh gedanklich in eine andere Richtung. In der Versuchsabteilung war die Luft raus, und mir schwebte seit längerem ein Wechsel ins „Engineering", also in die Entwicklung vor.

Ich ließ die Zügel zu dieser Zeit ziemlich schleifen, die Motivation sank zusehends, ich wusste mit mir nichts rechtes anzufangen. Die Tage kamen und gingen und ich merkte nicht, dass ich in einer ausgewachsenen Phase der Depression war. Verschiedene Episoden prägten diese Zeit, die sich auf Grund ihrer Heftigkeit in mein Gedächtnis brannten. Erst viel später ließ ich sie mir im Geiste Revue passieren. Ich schämte mich so sehr ...

Währenddessen hatte ich meine Abstinenzpläne natürlich schon lange wieder auf Eis gelegt und die Warnzeichen von Körper und Seele in den Wind geschlagen. Lieber den Trost aus der Flasche als gar keinen.

Ich erinnerte mich an einen Freitagabend, der ablief wie so viele zu dieser Zeit. Ich war daheim, trank meine Bierchen und schlief darüber ein. Ich wachte auf, weil ich zur Toilette musste und sah, wie gerade eben im Fernsehen ein Kandidat bei Günther Jauch die Millionenfrage beantworten wollte. Als ob das in irgendeiner Form wichtig wäre, wollte ich meine Eltern anrufen, um ihnen davon zu erzählen. Ich hatte meine Mutter am Telefon, aber ich bemerkte, dass ich fast kein Wort raus brachte. Zum ersten Mal war ich so betrunken, dass mir darüber die Stimme versagte. Ich glaube, ein paar Worte gestammelt zu haben, erst lange später fiel mir ein, was wohl in meiner Mutter vorgegangen sein muss, als sie mich so hörte.

Ein anderer Tiefpunkt aus dieser Zeit, der mich sehr schmerzte, ereignete sich bei einem AC/DC Konzert. Ich liebte Hardrock und hatte meine erste Reise nach England wegen dieser Band unternommen. Aber eine Stunde vor dem Auftritt stand ich in der Halle und es überkam mich ein Gefühl, als ob ich sterben möchte. Jede Lebensfreude war dahin, der Gedanke an laute Musik, bei der man sich abreagieren kann, war mir geradezu ein Gräuel. Bis heute weiß ich nicht, ob es vom medizinischen Standpunkt her „Depressionsschübe" gibt, aber was immer ich damals und noch einige Mal mehr in meinem Leben verspürte, möchte ich so nennen. Nun, ich war alleine, ich musste mich nicht rechtfertigen oder erklären. Ich wusste, was zu tun war. Wie ein geprügelter Hund verließ ich die Konzertarena, eilte zum Auto und holte mir auf dem Nachhauseweg einen Kasten Weißbier.

Nach dem vierten Bier in der Isolation meiner Wohnung verging dieses Gefühl der seelischen Bodenlosigkeit, aber zu welchem Preis. Ich sah vor meinem Auge die Band spielen, wusste, dass lange Zeit vergehen würde, bis ich sie wieder sehen würde. Ich fing an zu weinen. Und trank weiter. Es dauerte über zehn Jahre bis ich jemandem von diesem Abend erzählte.

Es war nicht so, dass ich wegen meines Alkoholkonsums jemals „blau" gemacht hätte. Ich kann mich an keinen Tag erinnern, an dem ich mich morgens wegen eines Vollrausches krank gemeldet hätte. Nein, es waren die immer wiederkehrenden Panikattacken, die mich tageweise außer Gefecht setzten. Zunächst kamen die Panikzustände im Abstand von Monaten. Dann von Wochen. Und je nach Situation wurden sie schlimmer. Unfähig, am Morgen Auto zu fahren und nicht einmal in der Lage ans Telefon zu gehen, schickte ich Emails ins Büro. Dabei schob ich Kreislaufprobleme oder sonstiges vor, um mich ohne Krankschreibung für ein bis zwei Tage abzumelden. An dieser Stelle muss ich einräumen, dass ich teilweise gelogen habe. Aber was interessiert die Diagnose, wenn ich wirklich arbeitsunfähig war? Eine ganze Menge, aber das sollte ich noch lernen müssen.

Natürlich wurde all das über die Jahre hinweg protokolliert und an Hand von Statistiken ausgewertet. Am Ende meiner Karriere gab es sogar ein Kurvendiagramm aus dem die Schwere meiner fortschreitenden Sucht erkennbar war. Nicht einmal das konnte oder wollte ich mir im Vorfeld zusammenreimen. Meine Naivität war geblendet vom Wunsch, mein Leben lang unbemerkt trinken zu können, und dazu sollten mir alle Mittel recht sein.

Neue Hobbys und das gleiche Laster

Es strich einige Zeit ins Land und die technischen Neuerungen hielten auch bei mir Einzug. Ich schaffte mir den ersten Computer an, und aus den Kleinanzeigen der Wochenzeitung wurden Kontaktbörsen aus dem Internet mit ihren unendlichen Möglichkeiten.

Auf Rat meiner Freundin Diana entdeckte ich eine ansprechende Homepage für Partnersuche. Was heute salonfähig und im großen Stil kommerzialisiert ist, war damals noch kostenlos und in den Kinderschuhen. Allerdings war der Erfolg bzw. Misserfolg für mich erstmal der Gleiche. Hier scheiterte es oftmals schlicht und ergreifend am mitgelieferten Foto. Nicht, dass das Äußere der ausschlaggebende Parameter in der Liebe ist, aber man fällt beim anderen eben oft durch das „erste Raster". Genauso wie man selbst aussortiert, mit wem man sich verabreden möchte und mit wem nicht. Hierbei nahm ich mich natürlich nicht aus und machte deswegen auch niemand einen Vorwurf. Dass ich meine Frau auf eine Anzeige ohne Foto kennenlernte, ist fast schon Ironie, aber dazu später mehr ...

Ich lief meinen Möglichkeiten Frauen kennenzulernen nach, so gut ich konnte. Und dazu kam noch ein Anruf einer Bekannten, der genau in diese Kerbe schlug und wie Wasser auf meinen Mühlen war.

„Fredy, du bist doch alleine, hast du nicht Lust mit uns Darts zu spielen? Wir gründen gerade eine Mannschaft."

Ich war begeistert. Darts. Nicht dass ich das bereits konnte oder jemals richtig versucht hätte, aber die Möglichkeit mit ein paar Bekannten jeden Freitag was zu unternehmen und endlich ein wenig unter die Leute zu kommen, war doch genau das, was ich brauchte.

Soziale Kontakte. Ein Spiel das mehr aus Geschicklichkeit und Konzentration besteht und nicht aus der verdammten Körperbeherrschung, die mir mein Bewegungsapparat seit Kindestagen nicht vergönnt hatte. Vielleicht habe ich hierbei ein bisschen Spaß und werde nicht gleich beim ersten Misserfolg ausgelacht wie beim Fußball, Handball, Schwimmen, Laufen, Springen usw.

Es kam wie es kommen musste. Ich rannte blind im mein Verderben. Ich war im Leben noch nie besonders widerstandsfähig, wenn es darum ging, Versuchungen zu widerstehen, aber es muss mit dem Teufel zugegangen sein, als sich zwei Dinge vereinten: Ich verbrachte meine Freizeit mit dem neuen Sport in Kneipen, und ich hatte zum ersten Mal sportlichen Erfolg.

Es mögen sich die Geister scheiden, ob Darts ein Sport ist oder nicht, aber für mich war es das ultimative Erfolgserlebnis. Es war wie eine Droge, die in einem Sekundenbruchteil ins Blut ging, als ich mein erstes Einzelspiel vor den Augen von einem Dutzend Leuten gewann und von Team und Gegner beglückwünscht wurde. Ich war einer von ihnen. In den nächsten Spielen wurde ich wieder aufgestellt, zuerst gegen die schwachen Gegner, dann, nach weiteren Siegen, gegen starke Gegner. Meistens behielt ich einen kühlen Kopf und ich gierte nach Erfolg, nach Bewunderung, nach Anerkennung.

Ich verlor genauso oft wie ich gewann, aber auch das machte das Ganze rund. Sieg und Niederlagen gehören zusammen, und egal wie das Spiel ausging, entweder gab der Gegner einen aus oder ich. Jedenfalls steigerte ich mein Spiel und meinen Bekanntheitsgrad in der Szene stetig.

Und damit meinen Bierkonsum. Es verging kein Dartsabend, an dem ich nicht den ganzen nächsten Tag zum Nüchternwerden brauchte. Das hatte ich bis dahin noch nicht erlebt. Nicht das Besäufnis an sich, sondern, dass Trinken mit Anderen euphorisierend wirkt und noch schöner ist als allein zu Hause. Daheim den Kummer wegtrinken war eine Sache, aber zum Feiern mit anderen, das war bislang noch überhaupt nicht in meinem Konzept und stützte die Diagnose meines Hausarztes, die er etwa um diese Zeit stellte: „Es handelt sich bei Ihnen eher um eine Form des extremen Missbrauchs als um echte Sucht."

Ich war bis dahin nicht mit anderen Trinkern um die Häuser gezogen und ich hatte keine „Kumpels", mit denen ich regelmäßig zum Saufen ging. Ich benutzte den Alkohol als Antidepressiva um mir das Alleinsein so erträglich wie möglich zu machen.

Dass ich aber zu allem Überfluss eine Freizeitbeschäftigung gefunden hatte, die mich in verräucherte Spelunken führte, war so, als ob man einen Schwellbrand löschen will und statt Löschschaum Spiritus dazu verwendet. Jetzt entwickelte sich nämlich langsam die Eigendynamik, die mir außer Kontrolle geraten sollte: Biertrinken wird nicht nur zum Loslassen, sondern auch noch zum Antörnen verwendet.

Dann kam der 26. November 1999.

Freitag. Heimspiel gegen den Tabellenletzten. Die große Chance, wieder ein Stückchen Ewigkeit für mich zu reservieren. Ewigkeit in Form eines Sieges in meinem „Einzel". Die Gier nach Erfolg beim Spielen hatte mich nach kurzer Zeit so sehr in ihren Bann gezogen, dass der gesamte Tagesablauf an Freitagen mit Ligaspielen darunter litt. In der Arbeit dachte ich bereits daran, mich mental auf den Abend vorzubereiten. Ich überlegte mir, was ich beim letzten Mal falsch bzw. richtig gemacht habe. Dann kam der Feierabend. In Form eines Rituals legte ich daheim mein Mannschaftshemd zurecht, komplettierte meine Ausrüstung, wechselte die Flights an den Darts.

Schließlich erledigte ich noch die Hausarbeit, damit ich nicht am nächsten Morgen in meinem eigenen Dreck aufwachen würde. Nebenbei genehmigte ich mir das erste Weißbier, es war ja schon knapp halb vier. Ich wollte eine Stunde vor Spielbeginn vor Ort sein, um ja nichts zu versäumen.

Als ich losfuhr, waren aus dem einen Weißbier drei geworden und ich war gerade „entspannt" genug, um nicht vor Nervosität im Boden zu versinken. Ich habe mir an diesem Abend nicht die Mühe gemacht mitzuzählen, was oder wieviel ich getrunken habe. Genauso wenig habe ich mir Gedanken über die Sache mit dem Autofahren gemacht. Viel zu oft war ich schon viel angetrunkener gefahren.

Meine Einstellung damals war, dass ich dann fahruntüchtig bin, wenn die Straße vor mir zu schlingern anfängt und ich nichts mehr sehe. Wenn ich meine Einstellung von damals überdenke, wird mir heute noch schlecht vor Angst. Ich hätte so viele Menschen töten können ...

Es lief wie nach Plan. Auf die ersten drei Weißbier daheim folgten im Lokal mindestens noch mal drei, mein Gegner – den ich in die Knie zwang – spendierte mir einen Whiskey Cola und zum versöhnlichen Abschluss gab es ein Mannschaftsspiel, in dem alle ran durften und der Verlierer zwei Maß Bier für die beiden Mannschaften zahlen musste. Der wunderbare Abend sollte dann noch mit einer Tasse Kaffee in einer nahe gelegenen Disco enden, die um diese Zeit (01.30 Uhr) natürlich erst richtig Betrieb hatte.

„Fredy, kratz deine Scheiben frei", rief jemand der Darts-Helden, als drei meiner Mitstreiter zu mir ins Auto stiegen. „Brrr ...", es hatte fast 14 Grad Minus und ich war froh im Auto zu sitzen. „Ach was", sagte ich, „das sind doch nur 300 Meter die Straße runter, bis wir Kaffee getrunken haben, sind die aufgetaut, und jetzt fange ich nicht zu kratzen an."

Nach ca. 100 Metern sah ich aus dem Augenwinkel, dass meine vereiste Heckscheibe völlig rot erleuchtete. Etwas benebelt, maß ich dem keine Bedeutung zu und fuhr auf den nahen Parkplatz.

Ich war wie zu einer Salzsäure erstarrt, als im gleichen Moment, in dem ich ausstieg, ein Polizist vor mir seine Mütze gerade rückte und meinte: „Da kann man natürlich nicht sehen, dass die Polizei hinter einem fährt, wenn die Scheibe vereist ist. Haben wir was getrunken?"

Ich hatte 1,16 Promille, wie sich später an Hand der Blutprobe herausstellte. Die Nacht verbrachte ich zunächst in der Gerichtsmedizin zur Blutabnahme und anschließend auf der Suche nach einem Geldautomat und einem Taxistand. Es dämmerte bereits, als ich wie paralysiert in meiner Wohnung ankam. Ich war unfähig, etwas zu denken, zu fühlen, zu weinen oder verärgert zu sein. Ich hatte gerade meinen Führerschein verloren. Wegen Alkohol. Ein nicht wieder gut zu machender Fehler, den ich langfristig nicht für mich behalten kann.

Ich hatte es jetzt schwarz auf weiß. Ich habe ein Alkoholproblem. Zum Verlust des Führerscheins kamen aber auch tröstende Worte. Manche Leute meinten ironisch „Willkommen im Club", andere waren froh, dass mir zumindest nichts Schlimmeres passiert war. Das ist eine der Lektionen im Leben, aus denen man lernt, so hieß es im weiten Rund. Nachdem ein paar Tage vergangen waren, kamen bei mir allerdings ein schwerer emotionaler Einbruch und die Erkenntnis: „Ich darf nie wieder Bier trinken."

Denkste: Noch bevor das Gerichtsurteil per Einschreiben im meinem Briefkasten war, verschlechterte sich mein Trinkverhalten in kaum vorstellbarem Ausmaß.

Mai 2009, Koma

Ich weiß immer noch nicht, wie mir geschieht oder in welchem Teil des Universums ich bin ... ich scheine auf einer Hütte hoch oben in den Bergen zu sein. Mit einem Auto bin ich dorthin gefahren, und es sieht nach einem Kloster aus, als ich Halt mache. Eine Schwester scheint auf mich zuzukommen. Dann folgt eine seltsame Erfahrung, wie aus einem erotischen Wunschtraum, der sich zu erfüllen scheint. Die Klosterschwester reißt mich vom Fahrersitz meines Wagens und scheint mit mir auf der Stelle Sex haben zu wollen. Sie reißt meine Kleider runter und ich wehre mich nicht ... ich kann mich gar nicht wehren ... aber will ich das hier überhaupt? Sie scheint kräftig, ja sogar gewalttätig zu sein ...

Ich setze mich in mein Auto und fahre fort ... weg von diesem Berg, wieder herum um die Alpen, zurück nach Hause. Dort mussten sie doch schon lange auf mich warten. Ich muss zurück, mich erklären, mich entschuldigen, das alles wollte ich nicht. Es scheint zu regnen in der dunklen Nacht und ich verliere die Kontrolle ... Mein Auto kommt von der Straße ab und bleibt liegen.

Zu Fuß kämpfe ich mich weiter in ein Haus, das einzustürzen droht ... Plötzlich sehe ich mich im Bett liegen, gefesselt und hilflos. Ich muss los, sonst stürzt das Haus ein. Aber wer kann mir helfen? Auf der anderen Seite der Wand, die als erstes zu bersten droht, höre ich Geräusche, Sprachfetzen. Es sind also Menschen hier ... Es kann nur eine Frage der Zeit sein, bis man mich findet. Da, ein Handwerker. Er steht in meinem Zimmer. Endlich ... Er scheint mit seinem Schraubenzieher etwas zu reparieren. Ich versuche mich zu artikulieren und ihm zu sagen, dass ich sein Werkzeug brauche ... aber er scheint mich nicht zu verstehen. Jetzt bleib hier, sieh doch, dass ich gefangen bin und hilf mir endlich. Er geht wieder ... ich bin verzweifelt. Man will mich töten ...

Da kommt jemand anderes. Eine Frau, auch mit Sachen in ihrer Hand, die hilfreich wären. Aber auch sie scheint mich zu ignorieren. Es hilft nichts, ich muss Gewalt anwenden. Auch wenn ich das verabscheue. Mit aller Kraft trete ich mit den Füssen nach der Frau, die mich wieder gefesselt liegen lässt und das Tablett kippt aus ihrer Hand. Aber ich habe nichts erreicht ... sie hilft mir nicht, im Gegenteil. Beim nächsten Mal geht sie strengen Blickes weit vor meinem Bett vorbei und meine letzte Hilfe scheint dahin.

Ich öffne die Augen und bin wieder in der Hütte in den Bergen. Es ist dunkel, scheinbar arbeitet jemand in der Küche ... Ich kann mich nur zum Teil bewegen ... wieder will ich aufstehen und versuche mich von den Eisenstangen zu lösen, an die ich gefesselt bin. Warum bin ich hier in einer Berghütte? Jetzt fällt es mir ein ... meine Frau hat unten im Tal unsere Wohnung umbauen lassen, ich bin ganz nah an Zuhause, aber doch so fern. Ich habe gehört, dass sie unten im Souterrain jetzt Duschen an die Wand hat bauen lassen, um die Wohnung für mich behindertengerecht zu gestalten, und auch mein Bett, an das ich bis ans Lebensende gefesselt bleiben werde, sollte ins Kinderzimmer passen ... Oh Gott, alles wird sich verändern, nur wegen mir ... womit soll ich nur jemals wieder Geld verdienen können?

Verschlechterung statt Besserung

Zunächst beherrschte mich das Gefühl des „Eingesperrtseins". Ohne Auto erschien mir selbst der eine Kilometer zu meinen Eltern wie ein Marathon. Zu Fuß gehen, oh je ... und wie soll ich einkaufen, schwere Sachen transportieren, Bier holen? Ja, wie soll ich Freunde besuchen, die mich kurzfristig einladen? Und wie zu den Dartspielen kommen? Und der Weg zur Arbeit? Wie ein zum Tode Verurteilter sah ich mich dem Schicksal gegenüber, jetzt nicht mehr 20 sondern 60 Minuten ins Büro zu brauchen, von denen zwei Drittel aus Fußmärschen bestünden. Immerhin handelte es sich um eine Kurzstrecke mit der S-Bahn, was die Kosten im Vergleich zu anderen Strecken praktisch halbieren sollte. Wenn ich jetzt noch das Auto abmelde, spare ich sozusagen schon wieder einen guten Teil der Geldstrafe, die mir noch zusätzlich aufgebrummt werden sollte.

All diese Gedanken ließ ich mir zusammen mit – ich weiß nicht wie viel – Weißbier durch den Kopf gehen.

Ich hatte immer gemacht, was ich wollte, und war nie dafür bestraft worden. Das Kind in mir schrie nach der Mama, die jetzt kommen und alles wieder gut machen sollte. Aber das tat sie ja sowieso. Meine Eltern halfen mir bei der „Logistik", fuhren mich zunächst zu den anfallenden Terminen wie zum Beispiel der persönlichen Vorsprache auf dem Polizeirevier.

Man mag jetzt sagen, dass ich ein richtiges Mamasöhnchen war oder immer noch bin. Diese Aussage würde ich widerspruchslos stehen lassen. Aber trotzdem zog ich innerlich den Hut vor meinen Eltern. Sie machten mir keinen Vorwurf oder gerieten gar in Wut. Sie hatten wohl schon geahnt, dass es eines Tages „Einschläge" wie diesen geben würde und sie behandelten mich dabei wie einen Erwachsenen. Sachlich, gefasst und betroffen, als ob sie selbst erwischt worden wären.

Tja, es war abzusehen. Es hat so kommen müssen. Ich kann mir die Reaktion meiner Eltern nur damit erklären, dass mein Vater zeitlebens zu den 98% der Autofahrer gehörte, die einfach nur nicht erwischt werden, wenn sie betrunken fahren. Er wusste genau, dass er seinen Teil dazu beigetragen hatte, dass das passierte. Sein Sohn war eben erwachsen, und erwachsene Kinder braucht man nicht zu schimpfen. Ich wusste selber, welchen Bock ich geschossen hatte.

Aber ich wollte es nicht hören. Vor allem nicht von meinem Neurologen. Bei meiner letzten Sitzung nahm ich zur Erörterung der aktuellen Problematik meine Mutter mit. Nicht, dass ich sie als Stütze gebraucht hätte, aber sie wollte selbst wissen, was der Arzt sagte, wenn ein psychisch labiler Patient wie ich solchen Unsinn fabrizierte. Er war sauer auf mich. Und wie. Von dem Menschen, der mir Tabletten gegen Depressionen geben sollte, wurden mir jetzt die Leviten gelesen. Ich wusste damals nicht, was ich eigentlich in dieser Stunde von ihm erwartet hatte. Trost? Zuspruch? Aufmunterung? Strenge Worte war ich nicht gewöhnt und wollte solche auch nicht akzeptieren. Berechtigte Kritik anzunehmen, war nicht meine Stärke. Das hatte ich nie gelernt. Zuviel ließ man mir als Kind durchgehen. Jedenfalls lief es darauf hinaus, dass ich den Psychologen nie wieder konsultiert habe.

Ich hatte das Vertrauen in meinen Psychologen verloren. Ich war sauer. Klar, in erster Linie war ich beleidigt und fühlte mich ertappt.

Ich hatte zwar bei meinem Arzt viel über meine Situation gelernt und konnte manche Dinge besser einordnen, aber irgendwie ging es auch nicht mehr weiter. Ich hatte das Gefühl, dass mehr und mehr um den heißen Brei herum geredet, aber die Wurzel des Übels nicht bekämpft wurde. Der Satz „Ich glaube ich bin Alkoholiker, bitte sperrt mich weg, bis ich trocken bin und es auch kapiert habe", wäre vielleicht das einzig Richtige gewesen. Depressionen, Panikattacken, jetzt auch noch Führerscheinentzug. Ich hätte schon lange erkennen müssen, dass Bier trinken die Ursache und nicht die Lösung aller Probleme war. Aber selbst jetzt war der Leidensdruck noch nicht groß genug.

Ich gewöhnte mich an den Winter ohne Führerschein, aber ich arrangierte mich auch damit, dass ich den Kilometer zur Tanke schon mal abends um 23 Uhr bei Schneetreiben zu Fuß ging um Nachschub zu holen. Wenn ich mir irgendwann blöd vorkam, dann traf es wohl hier am meisten zu.

Langsam aber sicher machten sich die nächsten körperlichen Auswirkungen bemerkbar. Alkohol entspannt und lockert die Muskelpartien. Leider jedoch auch solche, die man tagsüber braucht. So kam es, dass ich eines Morgens auf dem Weg zur S-Bahn im tiefsten Winter nach wenigen Hundert Metern spürbaren Stuhldrang bekam. Nun, das kommt vor, mag man denken. Aber ich merkte bald, dass ich es nicht halten konnte. Hatte ich etwas Falsches gegessen? „Nein, ich habe nur den üblichen schlechten Magen vom Weißbier am Vorabend", dachte ich. In meiner Not schlich ich mich in den Hauseingang einer kleinen

Fabrik im Allacher Industriegebiet. Ich schaffte es, mich notdürftig zu säubern und schlich zurück in meine Wohnung. Ich meldete mich krank ... mal wieder.

Im Frühjahr darauf fand ich neue Gelegenheiten, mir zwischenzeitlich ein Bier zu genehmigen. Jeder Bahnhof, zumindest jeder Größere, hat einen Kiosk und da gibt's Bier. Sobald die Temperaturen moderat wurden, gönnte ich mir also jeden Tag nach Feierabend in der S-Bahn auf der fünfminütigen Fahrt das erste Bierchen des Nachmittags. Sogar meine Arbeitszeiten legte ich so, dass zwischen Stempeln, Fußmarsch zum Bahnhof und Abfahrt des Zuges noch genügend Zeit zum Bier holen war. Ich machte mich jahrelang zum Affen und merkte es nicht.

Auch beim Dartspielen wurde es in der führerscheinlosen Zeit nicht besser. Klar, auch hier zog der Trugschluss: Jetzt ist es ja eh schon egal. Ich fand willige Mitstreiter, die mich zu den Spielen abholten und wieder heimbrachten. Oft schlief ich bei der Heimfahrt schon meinen Vollrausch aus. Was die anderen dann darüber reden mochten, war mir schon lange egal.

Silberstreif am Horizont?

Als ich meinen Führerschein im Oktober des Folgejahres wiederbekam, war doch glatt ein Silberstreifen am Horizont sichtbar.

Mir war klar, dass ich nie wieder auf meinen Führerschein verzichten wollte. Und ich hatte mich mental entsprechend vorbereitet. Und ich hatte gute Vorsätze. Der erste Dartabend stand an. Ein kleines Turnier im Osten der Stadt. Schlecht mit den Öffentlichen zu erreichen, also Auto fahren.

Ich erinnere mich gut daran, ich schied in der zweiten Runde aus (wie fast immer ...) aber das war egal. Ich trank an diesem Abend keinen Alkohol und hatte das komische Gefühl, dass sich Geist und Körper um 24 Uhr genauso anfühlten wie am Nachmittag. Nämlich gut und klar. Sicher, ich war angespannt, der Körper und die Seele gierten nach Bier, aber das Erleben dieser Klarheit an einem Abend war mir neu.

Und das Gefühl reinen Gewissens Auto zu fahren. Ich steuerte meinen BMW durch die Nacht und wünschte mir schon beinahe, von der Polizei aufgehalten zu werden, auf das sich das Ganze auch lohne. Es sollte lange dauern bis dieser Zustand in meinem Leben Normalität werden sollte. Sehr lange.

Ich hatte mich nach den vergangenen Turbulenzen wieder in meinen Junggesellenschienen festgefahren und mich irgendwie damit abgefunden und zufriedengegeben. Die zurückliegenden Erfahrungen hatten mir wenigstens etwas den Druck genommen in meinem Leben etwas versäumt zu haben. In meinem Freundeskreis kamen jetzt nach den ganzen Hochzeiten in den 90er Jahren die ersten Scheidungen und für mich die Erkenntnis, dass keine Ehe zu führen besser ist als eine schlechte.

Nun gut, einen „Partnerersatz" hatte ich ja im Alkohol. Was ich allerdings immer noch nicht realisierte ... Immerhin konnte ein Bierchen nicht streiten oder einem das Leben mit seinen Wünschen und Eigenheiten schwer machen. Damit kam ich gut zurecht, war aber abhängig, ohne dass ich es wusste. Insgeheim rümpfte ich die Nase über Männer, die in Abhängigkeitsbeziehungen mit ihren Frauen lebten. Wenn ich gewusst hätte, dass deren Scheidungen von ihren Ehefrauen leichter über die Bühne gehen sollten als meine vom Alkohol ...

Trotz allem ließ ich nicht locker und vertrieb mir jede freie Minute im Internet auf der Suche nach der nächsten zukünftigen Ex-Freundin.

Irgendwann ist ja vielleicht doch die Richtige dabei. Mein prinzipieller Glauben an die Liebe war zwar ungebrochen, aber die Wahrscheinlichkeit, dass ausgerechnet ICH sie finden sollte, begann zu schrumpfen. Ich war 34 und jetzt gibt's nur noch gebrauchte Ware mit Kratzern im Lack. So wie mich selber eben.

Durch meinen Bierkonsum entgingen mir im Leben auch einige Dinge. So hätte aus einem Blind Date gut und gerne ein One Night Stand werden können oder sogar eine Beziehung. Aber ich brachte es fertig, mir ein Liebesabenteuer durch eine Bierfahne zu vermiesen. Ich hatte einem „Heimbesäufnis" mal wieder den Vorzug gegeben, wo ich am nächsten Tag mit einer netten jungen Frau hätte schlafen können. Wie wenige Männer außer mir hätten das wohl auf ähnliche Weise in den Sand gesetzt? Ich kam mir furchtbar blöd vor. „Sogar zum Poppen zu doof", dachte ich mir im Nachhinein.

Was war passiert? Ich hatte im Laufe der Woche einen vielversprechenden Chat-Flirt „an Land gezogen": Eine Frau aus dem Münchener Landkreis, etwas älter als ich, die einem Treffen nicht abgeneigt war. Wir schickten uns im Büro Emails hin und her. Eine erste Verabredung ließ nicht lange auf sich warten. Das Rendezvous verlief nach dem üblichen Schema. Bis auf die außergewöhnliche Tatsache, dass ich meine Flamme gleich zu Hause abholen durfte. Ein ziemliches Risiko für die Frauen, wenn sie sich mit einem Unbekannten treffen. Nun, wir gingen essen, redeten, und jeder versuchte, den Anderen seine eigene Unsicherheit nicht merken zu lassen. Die Stimmung war durchschnittlich bis heiter ... Ich hatte schon aufregendere Dates, aber auch schon wesentlich schlechtere. Als ich sie nach Hause brachte, ließ sie sich mit dem Aussteigen aus dem Auto noch viel Zeit. Jetzt kam nicht das, was sich der junge Mann gemeinhin wünscht. Aber sie wollte mich immerhin „beschnuppern".

Ihr Schlafzimmer hatte sie für das nächste Date eingeplant. Das war für das kommende Wochenende vorgesehen. Nach dem Plauderstündchen im Auto verabredeten wir uns fürs nächste Mal und das Knistern in der Luft war förmlich spürbar.

Heute war kein Darts-Ligaspiel und ich hatte den ganzen Freitagabend Zeit, mich zu freuen. Und ich freute mich sehr. Es ist ein wahnsinnig aufregendes Gefühl VIELLEICHT eine Liebesnacht vor sich zu haben und sich auszumalen, was wohl kommen möge.

Jetzt ist es aber so, dass ich den Alkohol nicht nur als Seelentröster einsetzte, sondern auch als Belohnung, Anheizer, Beruhigungsmittel,

Anlass zum Feiern ... Was auch immer. Und Grund zum Feiern stand bevor.

Ich holte mir für das kommende Wochenende einen Kasten Weißbier. Was genau ich an diesem Freitagabend gemacht habe, weiß ich nicht mehr, jedenfalls wachte ich am Samstagvormittag auf und betrachtete das Chaos in meiner Wohnung. Ich begann aufzuräumen und suchte die Bierflaschen zusammen. Zunächst die leeren, dann die vollen, um nachzurechnen, ob der eine Kasten auch reichte. Erschrocken stellte ich fest, dass das nicht der Fall sein würde. Im Träger waren noch vier Flaschen. Ich musste mich setzen. Ab und zu erschrak ich selber vor mir, und das war eines der wenigen Male. In einer Kiste Bier sind 20 Flaschen. Gestern habe ich sie geholt. Ich kann doch nicht an einem einzigen Abend 16 Halbe Bier getrunken haben ... Ich dachte nach und zermartere mir den Kopf, ob ich den Träger nicht doch einen oder zwei Tage früher gekauft hatte, aber dem war nicht so. Ich fühlte mich schlecht. Niedergeschlagen. Ich war emotional soweit „unten", wie ich gestern Abend noch „oben" war. Ich fühlte mich gläsern, durchsichtig, angreifbar. Es war fast 14 Uhr, und um 18 Uhr sollte ich bei Uschi sein. Ich duschte mich nochmals. Die Lust auf das, was kommen sollte, war verflogen. Aber was sollte ich machen? Ein sehr schlechter Zeitpunkt für Ausreden, sehr schlecht.

Der Abend verlief so, wie es kommen musste. Begrüßung, innige Umarmung, und nach kurzer Zeit fielen die Worte: „Du, wir können doch offen reden, du riechst ein bisschen nach Alkohol."

Ich stöpselte mir ein paar Sachen zusammen wie: „Ich war gestern mit Kumpels weg", und wusste nicht, wessen ich mich mehr schämen sollte, meines Mundgeruches oder des Lügengebildes, das ich mir aufbaute. Wir schliefen natürlich nicht miteinander. Ich fuhr nach Hause, betrank mich erneut und ich war traurig. Einerseits elend traurig, aber andererseits auch beruhigt, weil ich wieder auf meinem sicheren Terrain war. Mit meinem Bier. Uschi sah ich niemals wieder.

Mai 2009, Koma

Im Traumnebel wirkt der Blaue Schriftzug des Klinikums Pasing hoch oben am 6. Stock des Gebäudes wie die Kulisse eines Flughafens. Ich ahne mich auf dem Transport in ein anderes Land, wahrscheinlich Thailand. Die bunte Pflanze, an der ich vorbeigeschoben werde, scheint darauf hinzuweisen.

Im Krankenzimmer sehe ich viele alte Menschen, die sich offenbar versammelt haben. Hoch oben an der Decke meine ich einen Breitbild LCD Fernseher zu erahnen. Wirre Phantasien von lang vergangenen Episoden aus meinem Leben jagen mir durch den Kopf und versuchen die immer noch nicht einzuordnenden Bilder meiner Traumwelt mit dem, was ich sehe, in Einklang zu bringen.

Ich kriege noch mit, wie man mein Krankenbett ganz an den Schrank schiebt, wohl damit ich auf der einen Seite nicht herausfalle. „Wie soll ich jetzt an meine Wäsche kommen?", denke ich, „ich muss mich doch umziehen ..."

Irgendwann ertappe ich mich bei dem Wunsch, aus dem Wandschrank, den ich in vor mir sehe, eine Videokassette zu holen und anzusehen. Ich schaffte es tatsächlich, mich aus dem Bett zu hieven und irgendwie mit dem Rücken an die Wand zu lehnen. Dann merkte ich noch wie ich mich drehte und vom Boden förmlich angezogen wurde. Ich fiel rückwärts um. Irgendjemanden hörte ich noch sagen „Das hab ich jetzt kommen sehen", dann schien eine Bombe in meinem Hinterkopf zu explodieren ...

Die Frau fürs Leben kommt zu spät

Der Sommer 2002 war einer der verregnetsten seit Langem. Das ist eines der Dinge, an die ich mich erinnere, wenn ich an den August zurück denke, in dem ich meine Frau kennengelernt habe.

Ohne große Intensität durchstöberte ich meine „Stammadresse" der Partnersuche im Internet und wurde beim Chatten von einer jungen Frau ohne Foto angeschrieben. Sie spielte auf mein Pseudonym „Hamsterlein" an. Nachdem ich mir zu Hause einen Zwerghamster hielt und Helga – meine heutige Frau – früher selbst Goldhamster hatte, wollte sie wissen welcher 35-jährige Mann sich allen Ernstes einen kleinen Nager hält. Das ist ja nicht gerade ein alltägliches Junggesellenhobby.

Unsere Korrespondenz verlief wie viele andere vorher auch. Ich gab nichts mehr darauf, als sie sich zwischenzeitlich in den Urlaub verabschiedete und meinte: „Ich melde mich in einer Woche wieder." Zu oft war das in der Vergangenheit durch die Blume ein „Korb" gewesen. Aber siehe da, die Woche zog ins Land, sie rief wieder an und aus dem Online Chat wurde eine Verabredung zum Abendessen. Ich war dieser Tage ausgeglichen. Nicht euphorisch, aber auch nicht deprimiert. Meine Schutzengel müssen zusammengehalten und mich in ein gutes Licht gestellt haben, als wir uns in der Stadt zum ersten Mal trafen. Es regnete wie aus Kübeln, und als wir uns im Flur des Lokals zum ersten Mal sahen, standen sich zwei pitschnasse Menschen gegenüber, die in Zukunft gemeinsam Himmel und Hölle vor sich haben sollten. Ich sah sie an und dachte mir „Ja".

Die erste Entscheidung beim Blind Date dauert erfahrungsgemäß Sekundenbruchteile. Meine war gefallen. Ich sah Helga an und mochte sie. Der Rest musste nur noch erkundet und erlebt werden.

Wir aßen, redeten, sie zeigte mir Bilder ihrer Familie und ihrer Goldhamster und der Abend verging wie im Flug. Es war so unkompliziert wie man es sich nur wünschen könnte. Und natürlich. Und ehrlich. Alles war so selbstverständlich. Und vor allem nicht darauf ausgelegt, sofort die nächste Nacht miteinander zu verbringen. Meine Seele fühlte sich sofort bei ihr wohl, damit rückte der Rest in den Hintergrund. Schnellen Sex hatte ich kennengelernt, aber diesmal sagte mir meine Seele, was sie wollte. Der Rest meines Körpers hielt sich diesmal zurück.

Noch erzählte ich zu Hause ohne Euphorie „Ich hab mal wieder ein ganz nettes Mädchen kennengelernt". Zu oft hatte ich früher diese Erfolgsmeldung verlauten lassen, um ein paar Tage später sagen zu müssen „Sie meldet sich nicht mehr".

Aber diesmal meldete sie sich wieder. Sie wollte mich wiedersehen. Ich war aufgeregt wie ein junger Hund als ich zum ersten Mal vor ihrem Elternhaus parkte. Gut, dass ich nicht wusste, dass mich meine zukünftige Schwiegermutter aus dem Fenster heraus beobachtete. Leider standen an den Klingeln des Drei-Parteien-Hauses keine Namen und ich konnte mir nur aus dem Zusammenhang heraus erklären, dass sie im zweiten Stock wohnen musste. Der Logik nach wohnte unten ihre Schwester mit Familie und in der Mitte die Eltern. Ich lächelte in mich hinein, als ich mir vorstellte jetzt aus Versehen bei meiner Schwägerin in spe zu klingeln und mich als Helgas neuer Freund vorstellen zu müssen. Das wäre ein bisschen voreilig gewesen.

Die obere Klingel war die Richtige. Wir gingen spazieren, und ohne Angst vor Abweisung küsste ich sie am Ufer der Isar in Wolfratshausen zum ersten Mal. Nur wenige Küsse sollten mein Leben so verändern.

Ich war glücklich. Von Herzen glücklich. Und das strahlte ich aus. Zu sehr rückten Probleme und Sorgen in den Hintergrund, als dass es in dieser sorglosen Zeit eine Rolle gespielt hätte was, wann und wieviel Bier ich trank. Und dennoch, mein Unterbewusstsein arbeitete bereits daran, die neue Liebe mit der Vorherrschenden zu vereinen. Noch war ich „geschützt" und brauchte mir nicht in die Karten schauen lassen („wo es ja nichts zu sehen gibt", gaukelte ich mir vor). Aber es dauerte nicht lange, bis ich wie selbstverständlich zur Flasche griff und unterbewußt versuchte, meine Trinkgewohnheiten als selbstverständlich und harmlos darzustellen. Eigentlich empfand ich es ja auch noch so.

Bevor wir zum ersten Mal am See schwimmen gingen, konnte ich drüber lachen, dass ich mir vor lauter Aufregung im Schlaf den Knöchel verdrehte und tagsüber nicht richtig auftreten konnte. Psychischer Stress, auch positiver, und Alkoholkonsum lösen in Kombination leicht Gichtanfälle aus. Damals wusste ich das aber noch nicht und wunderte mich über diese seltsame „Verstauchung". Es war ja auch egal, der Beschützerinstinkt meiner neuen Freundin sorgte dafür, dass sie sich fürsorglich um mich kümmerte und darüber lachen konnte. Ein Mann, der vor lauter Aufregung ein kleines Zipperlein bei den ersten gemeinsamen Unternehmungen mitbringt, wirkt ja noch eher liebenswürdig als merkwürdig.

Ich dachte, die Gicht befällt einen immer nur am großen Zeh, ich konnte also nicht wissen, was mit mir los war. Ich kümmerte mich auch nicht darum, schließlich verschwand die „Verstauchung“ nach einiger Zeit wieder und ich bekam nicht mit, was in Wirklichkeit passierte.

Aber ich kannte bereits das Gefühl der Anspannung, als wir nach einem unserer ersten gemeinsamen Frühstücke den Sonntagmorgen in Helgas Wohnung verbrachten. Und meine Blicke hatten sich bereits an dem einen Weißbier festgesaugt, das seit geraumer Zeit in ihrem Kühlschrank stand. Dort fand es keine Verwendung, weil kaum jemand Bier trank. Aber im Zuge der Dummheiten, die frisch Verliebte machen, fragte ich sie ungeniert, ob es ihr etwas ausmachen würde, wenn ich gegen den Durst das Bierchen trinken dürfte. Ihr Lachen und ihr „natürlich, mach nur“, muss Wasser auf den Mühlen meines Suchtteufels gewesen sein.

Jetzt folgten weitere Kapitel dieser Allianz, nach der ich strebte, ohne es böse zu meinen oder gar bewusst darauf anzulegen. Ich war gesteuert vom Glauben, den Alkoholkonsum, den ich eigentlich durch eine funktionierende Beziehung beenden wollte, mit der neuen Situation zu vereinen. Wie ein Getriebener wollte ich jetzt all das Erlebte zusammenfügen: Die schwerelose Ekstase des Trinkens und das betörende Gefühl des Verliebtseins. Zwei Rauschzustände, die einen im Einklang praktisch den Himmel auf Erden fühlen lassen.

Da war ich mir auch nicht zu schade ein „Männertabu“ zu brechen. Die neue Freundin mit meinem eigenen geliebten Auto fahren zu lassen. Eine erste kleine graue Wolke machte sich in meinem Gewissen breit, als ich Helga fragte, ob es ihr etwas ausmachen würde, an einem Dartsabend, zu denen ich sie jetzt auch mitnahm, auf dem Heimweg mein Auto zu fahren. Es wäre schön, wenn ich beim Spielen ein oder zwei Bierchen trinken könnte. Sie war natürlich einverstanden. Man schlägt der neuen Flamme keine solchen kleinen Wünsche ab. Wusste ich das und nutzte es aus? Nun, noch war all das kein Problem.

In der Anfangszeit unserer jungen Beziehung war mein Alkoholkonsum zwar für alle sichtbar, aber es war noch nicht sichtbar, welche Ursachen er hatte und welche Ausmaße er annehmen sollte. Irgendwie steuerte mich der Gedanke, dass ich das Biertrinken als selbstverständlich einfließen lassen könnte. So wie zu Hause. Ein schwieriges Unterfangen in einer Familie, in der so gut wie gar kein Alkohol getrunken wurde. Erste „Hürden“ wurden jedoch problemlos gemeistert. Meine neue – große – Liebe und ich verbrachten den ersten gemeinsamen kleinen Urlaub. Eine Woche in Österreich sollte prüfen, was das junge Glück aushält. Meiner Erfahrung nach kann sich in diesem Zeitraum mehr über eine Beziehung herausstellen als in etlichen Jahren wilder Ehe mit getrennten Wohnungen. Nun, ich sollte Recht behalten. Die Woche war noch nicht vorbei, da ertappte ich mich bei dem Gedanken meine Helga heiraten zu wollen. Nicht aus dem Bauch heraus, sondern mit der entsprechenden Ratio und der Logik dahinter. Erstmal zusammen wohnen, einige Zeit vergehen lassen. Aber prinzipiell, das ist die Frau, mit der ich alt werden will. Ich kann mich nicht erinnern, dass mir während dieser Woche in Tirol übermäßiger Alkoholkonsum gefehlt hätte. Der „Teufel Sucht" versteckte sich hinter sorglosen Tagen und wieder war ich der festen Überzeugung, kein echtes Problem zu haben.

Auch die neue Familie machte mir unfreiwillig „Mut". Am ersten gemeinsamen Heiligen Abend fand ich ein riesengroßes Geschenk vor. Ich konnte mir nicht vorstellen, was unter einer quadratischen Schachtel mit ca. einem halben Meter Kantenlänge eingepackt sein soll. Nun, ganz einfach, ich bekam eine Kiste Bier geschenkt. Der Lacher in der Familie über mein verdutztes Gesicht war groß und der Teufel in meinem Hirn hatte sein Erfolgserlebnis. Biertrinken ist ein Grund miteinander zu lachen. Und Lachen ist nie verkehrt. „Passt", dachte ich, „sie erlauben mir zu saufen." Der Gedanke war zu schön, um wahr zu sein. Es war eine Selbstlüge, die ich mir in meinem Unterbewusstsein gerade rückte.

An diesem Abend und an einigen danach eröffnete mir meine Freundin jedoch, dass sie es nicht gerne sah, wenn ich an Abenden mit ihren Eltern vier bis fünf Halbe Bier trinke. Was soll ich sagen, bei rechter Überlegung hätte ich selbst auf so etwas kommen müssen.

Helga versuchte nicht, mir etwas vorzuschreiben, oder gar mir etwas zu verbieten. Mit dem sicheren Instinkt, dass man mit Verboten eher das Gegenteil erreicht, nahm sie mich bei den Händen, drückte sie fest und sagte mir, dass es ihr sehr wohl auffällt und sie sich wünschen würde, dass ich in Zukunft weniger trinken möge.

„Lass mir Zeit, ich versuche es", war meine ernst gemeinte Antwort. Den Faktor Zeit nannte ich, weil ich wusste, dass ich mir ein Leben ohne Bier nicht vorstellen konnte.

Meine Mittel und Wege Bier zu trinken, waren in der Anfangszeit nicht schwer zu verbergen. Soweit ich das überhaupt tat. Auch wenn die neue Freundin schon recht bald – mehr oder weniger dauerhaft –

ihr Quartier bei mir aufschlug, bot sich genügend Zeit und Gelegenheit, ohne Umwege eine Halbe zur Brust zu nehmen, ohne sich vollends in die Karten schauen lassen zu müssen. Spätestens meine ausgedehnten Aufenthalte im Keller, angeblich um dort aufzuräumen, fielen ihr zwar insgeheim auf, aber ernsthafte Zweifel oder Rückfragen kamen nicht.

Der Alltag und der Alkohol melden sich zurück

Die ersten nennenswerten „Krisen" kamen nach etlichen Monaten. Ich wurde – ich glaube, so etwas passierte mir zum ersten Mal überhaupt – wegen meines Bierkonsums von Helgas Freunden und Bekannten abgekanzelt.

Wir beide waren bei einem Pärchen eingeladen, das mir Helga gern vorstellen wollte. Klar, in jeder Partnerschaft ist das Kennenlernen der Freunde des jeweils anderen ein wichtiger Schritt. Ich hatte Helga bereits sehr erfolgreich die letzten Mitglieder meiner alten Jugendclique vorgestellt und wir hatten – natürlich – überall „grünes Licht" bekommen. Meine neue Freundin wurde für gut befunden. Und so wollte auch ich mich bei ihren Freunden gut verkaufen.

Nach der zweiten oder dritten Einladung bei Barbara und Achim kam jedoch der Eklat. Wir waren zum Essen und feierten hinterher in ausgelassener Stimmung. Ich dachte, dass sich mit den beiden mehr Gemeinsamkeiten als Meinungsverschiedenheiten auftun würden. Insbesondere, da Achim einen sarkastischen Humor hatte, der meinem nicht unähnlich war. Neben Witzen über „Ossis" und Andersdenkende, brachte er mir bereitwillig ein Bier nach dem anderen aus dem Kühlschrank. „Miteinander trinken vereint", so war jedenfalls damals noch mein Credo.

Kurz danach, als wir zwei an der Würm spazieren gingen und das Gespräch auf weitere Treffen mit den beiden kam, meinte Helga: „Ich muss dir was sagen." Ich erfuhr, dass weder mein allgemeines Auftreten noch mein Humor und vor allem nicht mein Trinkverhalten bei Helgas Freunden auf Anklang stießen. Und sie wären der Meinung, dass ich nun weiß Gott nicht der Richtige für Helga wäre und sie wollten nichts mit mir zu tun haben. Ich war konsterniert. Nicht, weil ich der Meinung war, etwas Falsches getan zu haben. Schließlich kam mir nichts in den Sinn, dass ich bei besten Gewissen nicht wieder so gesagt oder getan hätte. Aber mir wurden auf einmal Dinge, über die wir alle gemeinsam gelacht und geredeten hatten zum Vorwurf gemacht. Und wenn man mir Bier eingeschenkte, um mich dann hinterher damit schlecht zu machen ...

Helga war im Prinzip meiner Meinung und teilte diese Sicht ihrer Freunde selbst nicht im Geringsten. Lange und ausführlich erklärte sie mir die ganzen Differenzen, die sich bereits in der Vergangenheit mit den beiden andeuteten, von denen ich bis dahin gar nichts wusste. Genau genommen war Achims Bereitschaft, mir an besagtem Abend stets nachzuschenken, für Helga genug Anlass den schwarzen Peter in dieser Sache zurück zu schieben. Zwar traf sie sich im Laufe der Zeit noch einige Male mit den beiden, aber das Ende ihrer Freundschaft ließ sich nicht mehr aufhalten, zu groß wurden die Meinungsverschiedenheiten.

Heute sehe ich diese Sache mit einem Lächeln. Im Wesentlichen hatten Barbara und Achim recht, ich hatte sehr wohl ein Problem mit dem Alkohol. Aber noch nie hatte mich jemand deswegen so geringschätzig und arrogant abgeurteilt. Noch heute sind wir uns einig, keine echten Freunde verloren zu haben.

Die Monate zogen damals ins Land, aus dem ersten Urlaub in Österreich wurde der nächste auf den Kanarischen Inseln, aus dem ersten gemeinsamen Sommer wurde der zweite und wir wuchsen zusammen, ohne dass wir es merkten. Die berühmte erste Euphorie verging, aber die Liebe wuchs. Und diesmal erkannte ich den Unterschied. Schon seit einiger Zeit stand das Thema der gemeinsamen Wohnung im Raum und erste ernste Diskussionen über die Zukunft kamen auf. All das wurde verbunden mit meinem täglichen Bierkonsum, den ich nach wie vor nicht abzubauen gedachte. Oder nicht konnte. Täglich gab es Dinge, die in meinem Kopf nach Beruhigung oder Belohnung verlangten.

Und auch die Panikattacken kamen wieder. Zu diesem Zeitpunkt waren die Abstände noch monatlich, aber wenn ich Buch darüber geführt hätte, wäre ich wohl drauf gekommen, dass die Zeiträume dazwischen geringer wurden. Eine Bergtour am Tegernsee führte hier zu meinem Outing. Ich sah keine Möglichkeit vor lauter Angst und Beklommenheit den Gipfel des nahen Fockenstein zu erreichen. Blass und müde erreichten wir eine Almhütte und der Gedanke, mich ausgesprochen zu haben und mit meinen Gefühlen nicht alleine zu sein, entspannte wie so oft die Attacke. Eine frische Radlermaß tat ihr übriges.

Schließlich ging es jetzt langsam ans Eingemachte. Zukunftsplanung. Konkrete Pläne. Das Thema „Ich will nicht mit deinen Eltern im gleichen Haus wohnen", führte zu unserer bis dahin größten Krise.

„Lass uns aufhören, zu verhüten. Wir wissen, was wir wollen." Das wiederum verdeutlichte, wie ernst es uns trotz einiger Meinungsverschiedenheiten miteinander war.

Und mein steter Wunsch nach Veränderung in der Arbeit beschäftigte mich. Die Luft war endgültig raus aus meiner Arbeit in der Versuchsabteilung, und mein Wunsch in die Entwicklung zu wechseln wurde zur ernsthaften Bewerbung. Ohne Zeitdruck, aber dennoch. Ich hatte mich entschieden. Der Gedanke, den ich schon vor ein paar Jahren hatte, war jetzt zum konkreten Plan geworden. Und der sollte Konsequenzen haben.

All die Ereignisse und Veränderungen, die sich auftaten, sorgten dafür, dass ich mich Zusehens schwerer tat, alles unter einen Hut zu bringen. Oft fühlte ich mich schlecht, niedergeschlagen. In solchen Momenten zog ich mich dann zurück und wollte allein sein. Ich meinte, mein Heil im Rückzug zu finden. Ich begann mich abzukapseln. Wenn mich die Depressionen übermannten – verbunden mit dem beklemmenden Gefühl der Angst und aufsteigender Panik – meldete ich mich krank. Manchmal kamen diese Momente wie eine Flut über mich. Teilweise war ich bereits im Auto auf dem Weg zur Arbeit als ich innerhalb von Sekunden zu zittern anfing, stehenbleiben musste und schluchzte wie ein kleines Kind. In solchen Momenten drehte ich dann um, schlich mich zurück in die Wohnung und schickte ein Email, dass ich wegen akuter Kreislaufprobleme nicht zur Arbeit komme.

Ich begann mich deswegen so unsicher und hilflos zu fühlen, dass ich anfing meiner Freundin nicht mehr alles zu erzählen. Das Geflecht aus Krankheit, Hilflosigkeit, Halbwahrheit und Lüge begann sich zu manifestieren.

Wenn ich keine Beruhigungstabletten nahm, versuchte ich mir in diesen Momenten ein paar „Belohnungsmomente“ zu verschaffen. Etwas, das mir gut tat, von dem ich mir Milderung versprach. Ich ging zur nahe gelegenen Metzgerei und holte mir dann vier bis sechs Flaschen Bier und machte mir ein „ordentliches Frühstück“. Spiegeleier, frische Brezeln und ein Weißbier. Und noch eins. Dazwischen fernsehen zur Ablenkung. Oft war gegen 10 Uhr dann das Bier alle. Die Angst war weg, aber das schlechte Gefühl blieb. Deswegen legte ich mich dann schlafen, in der Hoffnung wieder aufzuwachen und mich gesund und lebensfähig zu fühlen. Oftmals zitterte ich nur noch, wenn ich auf der Couch lag und die Hoffnung schwand. Es legte sich ein dunkler Schatten über meine Seele, ein schwarzer Mantel aus unendlicher Schwere.

Die Fehltage häuften sich. Tja, und wie erklärt man sich, wenn sich einzelne Krankheitstage häufen und man in der Arbeit abgespannt und niedergeschlagen aussieht? Der Mann muss ein akutes Alkoholproblem haben. Ein „Montagsblaumacher“.

Es war nach außen nicht mehr erklärbar, was an solchen Tagen mit mir zu Hause ablief. Tage wie diese kamen und gingen. Immer weniger konnte ich einen klaren Rückschluss darauf ziehen, was die Ursache und was die Wirkung war. War ich krank wegen den Depressionen, die ich mit Alkohol niederhielt? Bekam ich morgens Entzug und keine Depressionen? Warum dann nur alle paar Wochen und nicht regelmäßig? Warum das Abkapseln und das Schweigen? Ich fühlte eine gigantische Schlinge um meinen Hals. Dem, was auf mich zukam, fühlte ich mich nicht gewachsen. Wie ein kleines Kind hoffte ich, „dass es einfach wieder weggeht".

Das Jahr 2004 brachte dann einige massive Einschnitte. Helga und ich hatten uns im Frühjahr verlobt und für den kommenden Herbst unsere Hochzeit im kleinen Kreis geplant. Unsere Pläne eventuell sogar in Las Vegas zu heiraten legten wir ad acta, als wir die Stadt im Frühjahr bei unserer vorgezogenen Hochzeitsreise zu Gesicht bekamen. Ein klein wenig beschaulicher wollten wir es dann doch haben.

In der Zwischenzeit kam bei meinem Vater der Krebs zurück und es ging zu Ende. Gott sei Dank war sein Leiden am Schluss nicht lang und wir hatten uns bereits darauf eingestellt, dass er sterben würde. Der Anruf meiner Mutter an einem Dienstag im September bedurfte nur weniger Worte. Sie weinte nur am Telefon und ich sagte: „Es ist gut, Mama, er hat's überstanden."

Drei Wochen später war ich ein verheirateter Mann. Und aus meiner Mama wurde im gleichen Zeitraum eine Schwiegermutter und Witwe. Eine Umstellung, an die wir uns alle erst gewöhnen mussten.

Mai 2009, Koma

Der Aufprall auf meinen Hinterkopf muss heftig gewesen sein. Ich sehe mich im Inneren eines Flugzeuges wieder, das uns aus unserer Kriegsgefangenschaft nach Hause fliegt. Ich war im Lazarett, zusammen mit meinem Vater, der fliehen wollte … Ich spürte, wie ich im Bett zurechtgerückt wurde, und sagte zu meinem Vater, dass ich noch hier bleiben würde, meine Verletzungen sind für die Flucht viel zu schwer. Ich schloss die Augen … und sah, dass ich mich im Inneren eines Flugzeuges befand, draußen erkannte ich die Skyline einer amerikanischen Stadt. Es wird also noch eine Weile dauern, bis wir zu Hause sind. Ich versuche mich also zu entspannen, aber der Kopf scheint zu zerplatzen … An der Wand sehe ich eine runde Scheibe, die mich an Dart erinnert. Irgendjemand spielt daran herum und ich versuche mich am Spiel zu beteiligen. Auf meine Frage, was ich denn jetzt tun soll, höre ich jemand in weiter Entfernung sagen: „Nichts, bleiben Sie einfach liegen …" Na gut, denke ich, ich könnte euch eh nicht viel helfen, so müde wie ich bin …

Die Schlinge zieht sich zu

Nicht lange danach wurde ich von unserem Personalchef zu einem Gespräch gebeten. Eines, auf das ich natürlich schon lange wartete. Das Ableben meines Papas war ein dankbarer Einstieg ins Gespräch, um dann umzuschwenken: „Wir wollen aber heute nicht über die Familie reden, sondern über ein anderes Thema, nämlich Alkohol."

Noch wusste er nicht genau, an wen er da geraten war, aber ich war meinerseits bereits gewarnt. Mein Gruppenleiter, der seinen Schreibtisch mit mir im selben Büro hatte, war leichtsinnig genug, seine persönlichen Notizen übers Wochenende offen an seinem Arbeitsplatz liegen zu lassen. Nachdem ich öfters am Samstag arbeitete, ließ ich meinen Blick auf seinem Schreibtisch kreisen und lächelte, als ich auf einem Notizzettel kleine Vermerke über die bevorstehende Versetzung von Kollegen las, bis mich – weiter unten auf dem Zettel angekommen – fast der Schlag traf. Da stand als Resümee meiner letzten Beurteilung:

Endres → Alkohol → Gruber → Dr. Thalheimer

Herr Gruber war der Suchtberater, den ich ja schon vor Jahren konsultiert hatte, und die Reihenfolge der Namen verriet mir, dass ich auffällig geworden war. Obwohl die Angriffspunkte für meine Vorgesetzten noch dürftig waren. Schließlich gab es bis dato nichts, dessen ich „angeklagt" wurde. In Verdacht waren in der Firma viele Mitarbeiter, aber bei knapp 1000 Leuten sind erfahrungsgemäß einige „Quotenalkoholiker" dabei. Also Ruhe bewahren. Noch ist nichts passiert. Noch nicht ...

Dem Gespräch im Personalbüro folgte ein „Angriff" meines Abteilungsleiters, der mich über die letzten neun Jahre fast nur vom Sehen kannte. Er hielt sich aus dem Geschehen in seiner Abteilung leider weitestgehend heraus. Als ich seine Nummer im Display las, ahnte ich jedoch Böses. Ich musste mich erst sammeln und etwas „Kraft" tanken, also mit Helga darüber reden, bevor ich ihm Rede und Antwort stehen konnte. Also ließ ich das Telefon läuten und rief erst ein wenig später zurück. Er wolle mich sprechen, sagte er. „Ich habe einen kleinen Anschlag auf dich vor", feixte er in freundschaftlichem Ton. Der Umgang miteinander war stets höflich, aber was er wollte, war nichts anderes, als dass ich die Hosen runterließ. Und wenn ich nicht mitspielte, würde ich die Konsequenzen tragen müssen.

Er wollte eine Blutprobe von mir.

Er verpackte sein Anliegen rhetorisch geschickt, ruhig und eindeutig gründlich vorbereitet. Er hatte sogar Fallbeispiele parat und erzählte, dass ein guter Freund von ihm lange Jahre getrunken hatte, ohne dass seine Frau es bemerkte. So war er bereits auf meine zu erwartende Argumentation eingestellt: „Glaubst du, ich hätte vor drei Wochen geheiratet, wenn ich Alkoholprobleme hätte?"

Kein Abteilungsleiter kann laut deutschem Arbeitsrecht aus dem Stegreif eine Blutprobe verlangen. Aber wenn man sich zehn Jahre kennt, und da ich noch dazu befördert werden wollte, sei es doch ein „Vertrauensbeweis" meinerseits. Wenn auch nur, um absolut klarzustellen, dass ich mich für die Zusammenarbeit mit externen Kunden eigne. Und außerdem hätte ich doch eh nichts zu verbergen. Und damit sei doch das alles kein Problem.

„Lieber Robert", sagte ich, „mache ich mich nicht grundsätzlich verdächtig, wenn ich sage, ich sei nicht einverstanden?" Ich hatte das Wort „Erpressung" auf den Lippen, aber was hätte mir Zorn jetzt eingebracht? Ich war schließlich in der Zwickmühle, nicht mein Chef.

Es half nichts, ich wurde dazu gezwungen und konnte nicht ausweichen. Ich stand kurz vor dem Todesurteil und würde mir nur noch die Art der Hinrichtung aussuchen können. Das Vertrauen in mich als Arbeitnehmer war so gut wie dahin.

Nun, eine Möglichkeit gab es noch. Es wurde mir Zeit eingeräumt. Ich musste die Blutprobe nicht sofort abgeben. Ich sagte, dass ich mich im nächsten Quartal darum kümmern würde. Schließlich ließ meine Versetzung auch noch auf sich warten. Das „selbstverständlich" meines Chefs war ein faires Entgegenkommen. Ich rechnete sofort nach, um wie viel sich meine Blutwerte in fünf bis sechs Wochen Abstinenz verbessern würden. „Denen werde ich einwandfreie Blutwerte abliefern. Ich lass mich doch nicht ins Bockshorn jagen", dachte ich fest entschlossen. Noch war ich motiviert und kampfbereit.

Nun, die guten Vorsätze waren da. Die Realität holte mich nach wenigen Stunden ein. Die Sucht hatte mich schon voll unter Kontrolle. Zunächst verlegte ich meine selbst verordnete Abstinenz auf morgen, dann meinte ich, den Konsum zunächst reduzieren zu können bevor ich ganz aufhören würde. Nichts davon geschah. Ich war nicht in der Lage, deutlich weniger zu trinken, geschweige denn ganz aufzuhören. Auch wenn die Notwendigkeit noch so groß war. Ich bog mir in meinem Kopf die Situation zum hundertsten Mal so zurecht, dass mein Gewissen beruhigt war.

„Eigentlich will ich ja schon, aber es geht nicht, nicht heute, es wird schon nicht so schlimm sein." Jede, aber wirklich jede Ausrede ging mir durch den Kopf bis hin zur Erkenntnis: Ich gebe die Blutwerte so ab, wie sie sind, und dann habe ich einen klaren Status. Dass das nicht gut gehen konnte, war mir irgendwo klar. Ich war aber meilenweit davon entfernt, mir meine Unfähigkeit zur Abstinenz einzugestehen.

Der Gamma-GT-Wert lag bei ca. 240. Also etwa fünffach über Normal. Ich schickte das gesamte Blutbild an den Abteilungsleiter, den Betriebsarzt und den Personalchef. Verbunden mit einem Arztbrief meines Hausarztes, in dem mir meine volle Leistungsfähigkeit bescheinigt wurde, jedoch mit dem Verweis auf wiederkehrende depressive Perioden mit Panikattacken, psychische Überlastung usw. Alles in allem lieferte ich eine Menge Füllmaterial, dass das Gesamtbild etwas verschönern sollte. Nicht, dass es falsch gewesen wäre, ich räumte mir das Recht ein, meine Person und das Krankheitsbild als Gesamtes zu betrachten.

Mein Abteilungsleiter kam noch einmal zu mir und stimmte mich auf das entscheidende Gespräch ein. Ich hatte meinen Teil gebracht. Jetzt lag es am Unternehmen, ob ich versetzt wurde oder nicht. Bald schien es mir, als ob meine Vorgesetzten das Thema „Alkohol" leid wären. Ich wurde sogar vorgewarnt, dass ich zwar nochmals unter Druck gesetzt werden würde, aber keine Angst haben sollte.

„Jetzt haben wir es schwarz auf weiß. Ein Säufer", sagte Personalchef Dr. Thalheimer streng. Kein Mensch nannte mich vorher oder nachher jemals so. Ich ließ es abprallen und wartete, was kommen möge. So gefasst wie möglich wies ich wegen der Leberwerte nochmals auf meinen Tablettenkonsum hin und hörte mir dann an, dass ich zwar die neue Stelle bekäme, mir aber darüber im Klaren sein müsse, dass man von jetzt an ein Auge auf mich haben würde.

Ich hatte einen Schuss vor den Bug bekommen. Sie wussten und schätzten, was ich beruflich konnte, aber auch, dass ich einen schwarzen Fleck in meinem Leben hatte, auf den sie achten würden. Ich begann den letzten Akt auf dem dünnen Drahtseil meiner beruflichen Laufbahn.

Unser Eheleben gestaltete sich so problemlos wie unsere wilde Ehe zuvor. Wir hatten alles, was das junge Glück so brauchte. Eine nette kleine Wohnung, konkrete Pläne, sich eine Eigentumswohnung zuzulegen, wir hatten nette Nachbarn und Freude und unseren kleinen Garten mit den ganzen dazugehörigen Haustieren. Allen voran die sich alle zwei Jahre erneuernden Generationen von Gold- und Zwerghamstern. Meine Träume der Vergangenheit waren Wirklichkeit geworden. Wenn ich darüber nachdenke, bin ich in dieser Zeit sicher auch merklich reifer geworden; nur ein Wunsch von früher erfüllte sich nicht. Ich dachte, dass nach Erreichen meiner Lebensziele die Notwendigkeit des Trinkens nachlassen bzw. aufhören würde. Die Sucht hatte mich im Griff, mein Hirn war davon besessen, sich alles schön zu reden und auf das perfekteste darauf trainiert, sich immer wieder Gründe zu suchen, um weiter zu trinken. Zuerst der Durst, dann die Entspannung, dann die Euphorie ... warum sollte man auf das alles verzichten? Ich suchte und fand immer wieder Gründe und auch Bestätigung um weiter zu trinken.

Es änderte sich nichts. Nur die Tage, an denen die Panikattacken nicht aufhören wollten, wurden mehr. Ich wechselte die Psychologen und die Medikamente. In den Gesprächen mit meiner Mutter, wenn ich krankgeschrieben war und ihr erklärte, dass ich sogar freiwillig auf Bier verzichten würde, um die Panikattacken loszuwerden, meinte sie in ihrer Verzweiflung einmal: „Dann hör doch einfach auf ..."

Die Logik gebietet es doch. Ich hatte alles, was man sich wünschen kann. Ich hatte Freunde, Helga, Hobbys, sogar ein paar Ersparnisse. Alles, was es wert gewesen wäre, besser auf sich aufzupassen. Alles in mir wusste, dass es viele Menschen schlechter hatten als ich. Und nichts konnte ich ändern. Ich schämte mich in den Phasen der Panikattacken so sehr, dass ich im Boden versinken wollte. Es war ein riesiger, unsichtbarer Gegner, dessen Stärke ich nicht einmal erahnen konnte. Ich fühlte mich komplett hilflos. Und alleine. Völlig alleine. So wie ein Todkranker, der keinen Trost darin hat, dass seine Familie an seinem Sterbebett steht, sondern dem nur die Erkenntnis bleibt, dass er jetzt trotzdem stirbt. Immer öfter zermarterte ich mir das Hirn mit Gedanken, in denen der Tod eine Rolle spielte. Ich erinnerte mich an früher, als mich mein Neurologe fragte, ob ich mich denn selbstmordgefährdet sehe. Ich sagte damals, dass ich nur zu feige dazu bin. „Wenn ich morgen nicht mehr aufwachen würde, wäre ich einverstanden, nur selbst Hand anzulegen, das bringe ich dann doch nicht fertig."

Diese Gedanken gingen mir durch den Kopf als ich jung verheiratet war und alle Weichen für die Zukunft eigentlich gestellt waren. Leider wurden die Weichen schon lange nicht mehr von mir gestellt.

Verzweifelter Kampf um das berufliche Überleben

Noch aber wandte ich mein Hauptaugenmerk auf meine Karriere und war wohl auch bereit, den entsprechenden Preis dafür zu zahlen. Ich bekam eine riesige Chance, Fuß zu fassen und mich beweisen zu können. Nachdem man zunächst nicht so richtig wusste, in welche Projektarbeit man mich ohne jede Erfahrung stecken sollte, übernahm ich eine Projekt von einem Kollegen, der mit dem Kunden seine liebe Müh und Not hatte.

Nach den ersten Teammeetings kam ich nach Hause und es ging mir wie nach meinem ersten richtigen Anpfiff bei der Bundeswehr. Ich weinte wie ein Hund. Nichts auf dieser Welt tut mir bis heute noch so weh, als wenn man mich persönlich und absichtlich kränkt oder verletzt. Und selbiges nicht gerechtfertigt ist. Nun, in der Autozulieferindustrie herrscht Krieg. Der Kunde ist König, und wer die Aufträge haben will, muss sehen wie er mit dem psychischen Druck zurechtkommt. In der Zeitung las man bereits immer mehr davon. Das Schlagwort Burn-out machte immer mehr die Runde. Volkskrankheit Depression. Der Druck in den Firmen kommt von allen Seiten und es scheint so, als ob die Mitarbeiter gefordert werden, bis sie die Grenzen ihrer psychischen Belastbarkeit erreichen.

Ich fing an, auf dem Weg nach Hause anzuhalten und mir an der größten Tankstelle vor Ort eine Büchse Billigbier zu holen. Bisweilen hatte ich meine Nerven nach unbefriedigenden Tagen im Büro damit wieder im Griff.

Als ich mit dem Gedanken spielte, all diese Karrierewünsche wieder bei Seite zu legen und mir meine berufliche Niederlage einzugestehen, kam der Projektleiter auf mich zu. Er sagte, dass in vier Wochen ein Workshop zusammen mit dem Kunden in unserer Filiale in Salt Lake City stattfände und er mich dabei haben wolle. „Ist das ein Problem für dich?“, fragte er provokant. Ich wartete kurz mit meinem „Nein, keineswegs ...“. Nicht, weil ich taktieren wollte oder lange überlegen musste, sondern weil mir die Spucke wegblieb. Ich wurde gerade eingeladen auf eine Dienstreise nach Übersee.

Das war ein beruflicher Quantensprung. Ich dachte, wenn es meine Arbeit wert war, Business Class in die USA zu fliegen, dann habe ich mehr erreicht, als ich mir je vorstellen konnte. Mir wurde mangels richtiger Selbsteinschätzung erst langsam klar, an was für einem Rad ich da eigentlich gedreht habe. Mit schwerem Herzen dachte ich an meinen Vater. Wenn er das noch erlebt hätte ... Er, der nach dem Krieg so gerne dorthin ausgewandert wäre. Mit den Worten „Euch Nazis brauchen wir nicht" wurde er damals abgewiesen.

Ausgerechnet mein Vater, der in seinem Leben keine Uniform anhatte und den Krieg nur aus dem Lungensanatorium mitgemacht hatte. Er, der seine erste Reise ins Land der unbegrenzten Möglichkeiten erst im hohen Alter erleben durfte und Zeit seines Lebens ein Bewunderer der USA war. Ich, sein Sohn, sein Ein und Alles, durfte jetzt dort arbeiten. Ich stelle mir vor, dass es ungefähr so sein musste, als würde man mir sagen, dass meine Tochter, die ich so gern hätte, einmal den Nobelpreis bekommen würde.

Ich nahm mir fest vor: Ich werde diese Bürde für meinen toten Vater tragen und dort einen guten Job machen. Die Definition von einem guten Job werde ich allerdings selbst auslegen. Sollen sich die anderen die Köpfe einschlagen, ich werde versuchen, mit den Kollegen dort ZUSAMMEN zu arbeiten. Das war mein Ziel.

Es stellte sich jedoch heraus, dass der Projektleiter vor kurzem eine Autofahrt mit knapp 1,6 Promille hinter sich hatte und jemanden brauchte, der auf Dienstreise den Mietwagen fahren konnte. Mein neu gewonnenes Selbstvertrauen erlitt einen jähen Schlag. Sollte ich am Ende nur als Chauffeur herhalten? Jedenfalls führte uns der erste Weg am Wochenende zum örtlichen Liquor Store, also dem Schnapsladen, von denen es im erzkonservativen Utah nur eine überschaubare Anzahl gibt. Akribisch, per Internetkoordinaten und Navigationssystem, bereiteten wir uns auf die wichtige Aufgabe des Biereinkaufes vor. Ein seltsamer Projektleiter, dachte ich mir irgendwie, aber was soll ich sagen? Trinker verstehen und mögen sich. Später sollte ich erfahren, dass auch er vom „gleichen Teufel geritten wurde" wie ich. Er sollte nur wenige Monate vor mir seinen Hut nehmen müssen.

Die Geschichte mit dem „Amerika-Projekt" wie ich es daheim nannte, sollte für mich persönlich ein voller Erfolg werden. Jedenfalls im ersten Ansatz. Ich fand neue Kollegen, mit denen ich mich bestens verstand, erledigte meine Aufgaben nach bestem Wissen und Gewissen und man war „drüben" voll des Lobes für mich. Leider kam das zu Hause in München nicht so zum Tragen wie ich es mir vorgestellt hatte. Die Dienstreisen häuften sich und es fragten sich wohl einige Kollegen, wie ausgerechnet ich dazu kam, da ich mich doch im Allgemeinen mit der

Einarbeitung recht schwer tat. Ich kann es heute nur vermuten, aber es wird wohl Neider gegeben haben.

Jedenfalls fand ich in den USA in einem altgedienten Kollegen einen einflussreichen Mentor, und so kam es vor, dass ich auf dessen Geheiß praktisch auf Zuruf meine Koffer packen durfte und mich regelmäßig in den 09:15 Uhr-Jet nach Atlanta setzte. In der Business Class ließ ich mir die Weinflasche gleich an den Sitz bringen und sah mir die Welt von oben an. Im Jahr 2006 tat ich alles, um dieses Leben zu leben und zu genießen. Ich schlug sogar die Möglichkeit aus, in unserer neuen Allianz-Arena in München die WM-Spiele der deutschen Mannschaft bei unserem „Sommermärchen“ anzusehen, nur um mich in meinem „Amerika-Projekt“ ins rechte Licht zu rücken.

Auch auf meinen Dienstreisen winkte mir das nahende Unheil mit all seinen Warnzeichen. Natürlich war ich mit industrieller Projektarbeit mit Kunden im Ausland an der Obergrenze meiner psychischen Belastbarkeit angekommen. Also wurden auch hier die Stressmomente mit Bier und – örtlich bedingt – auch Whiskey bekämpft. Das Ergebnis der Gesamtbelastung war eines Nachts ein Gichtanfall sondergleichen, der mich zwang, das Wochenende im Hotelzimmer zu verbringen. Eine Kollegin fuhr mich in die Klinik, wo ich das böse Wort „Gicht“ dann zum ersten Mal zu hören bekam. Es wunderte mich nicht; wenn die Diagnose schon von einer Ärztin kam, die meine Leiden nicht im Geringsten kannte, was sollten dann noch für Zweifel bestehen.

Im Herbst 2006 ging das Projekt langsam seinem Ende entgegen und damit stellte sich die Frage, was ich in naher Zukunft zu tun bekommen würde. Dass es so nicht weitergehen konnte, war inzwischen klar. Auch im meinem eigenen Interesse. Die Art und Weise wie ich ins kalte Wasser geschmissen wurde, war mir zuviel. Mein Mangel an Vorkenntnissen war einfach zu groß, um die Rolle eines routinierten Projektingenieurs zu übernehmen. Ich hatte die Stelle viel zu spät angetreten, um den Aufsprung zu schaffen.

Die Abteilung und damit die Organisation wurden gerade ohnehin mal wieder umstrukturiert. Es wurden neue Verantwortungen geschaffen, die Grüppchen neu sortiert und die Position eines jeden in der Gruppe wurde neu definiert. So sollte für jedes Produkt ein Engineering Leader und ein Projekt Engineer geschaffen werden. Also jemand, der die Entscheidungen trifft und ein zweiter, der diese dann in die Tat umsetzt. Ein Zwei-Mann-Team also. Soweit, so gut.

Ich hatte das Pech einem Kollegen zugeteilt zu werden, der die Teamarbeit ungefähr so pflegte wie ein Einsiedler. Ich bekam unterm Strich nichts mehr zu tun. Ich konnte der zu Hauf vorhanden Arbeit hinterher laufen wie ich wollte, aber es gab keine Möglichkeiten mehr, mich wirklich beweisen zu können. Langsam aber sicher bemerkte ich, dass es eng wurde. Man mied mich, dienstlich wie privat.

Die Spirale drehte sich schneller. Die Umstände in der Arbeit verstärkten meine Angst, die Angst sorgte für die Panikattacken und diese zu Arbeitsausfällen. Wenn ich dann wieder im Büro war, erntete ich Unverständnis, weil ich wieder den Anschluss verloren hatte und der Teufelskreis begann von vorne.

Doch immer noch wollte ich meinen Mann stehen. Es gab ja so viel zu tun und eigentlich konnte ich mir keine Verschlechterung meiner Gesamtsituation leisten. Dieser Tage unterschrieben wir den Kaufvertrag für unsere Eigentumswohnung. Es war geschafft, der große Schritt war getan. Nach langer, teilweise zermürbender Suche nach einer geeigneten Bleibe hatten wir uns für eine kleine Wohnung im Südwesten der Stadt entschieden.

Wir mussten uns dabei jedoch gegenüber dem Rest der Familie durchsetzen. Nicht jeder, der meinte etwas davon zu verstehen, war mit unserer Entscheidung einverstanden. Ich fühlte mich unglaublich bevormundet, als uns die Fähigkeit abgesprochen wurde, bei größeren Entscheidungsfindungen selbstständig handeln zu können.

Eins der ersten Dinge, die in die neue Wohnung Einzug hielt, war eine Kiste Bier im Keller. Die Räumlichkeiten waren hervorragend, um sich auch hier immer wieder mal kurz ausklinken zu können. Es gäbe viel im Keller zu tun, dass meine Abwesenheit rechtfertigen würde. Und wenn ich auch noch den Umgang mit der Waschmaschine nebenan in der Waschküche lernen würde ... perfekt. Sogar der Sicherungskasten war in einem eigenen kleinen Raum, der in naher Zukunft als Versteck herhalten konnte. Die Gelegenheiten, heimlich zu trinken, sprangen mir förmlich ins Gesicht. Ich werde all das miteinander vereinen. Nichts wird mich davon abhalten, so zu leben, wie es meine Nerven verlangen.

Die Nacht. Zunächst war sie immer mein Freund, dann wurde sie mein schlimmster Feind. Im Schlaf fand ich früher Ruhe. Ich brauchte immer schon viel Schlaf. Durch den Alkoholkonsum von über 25 Jahren natürlich noch mehr. Aber ich ging immer gerne früh ins Bett und erholte mich gut. Früh aufstehen war eigentlich auch nie ein Problem.

Eines Tages kam das Zittern. Unruhe, Alpträume. Abgrundtiefe Hilflosigkeit und das Gefühl, von der ganzen Welt wie eine Laus zerquetscht zu werden. Nassgeschwitzt stand ich auf und weinte. Ich weiß heute nicht mehr, wann diese Zustände anfingen, aber sie kamen und wurden schlimmer.

Entzug, mag man jetzt denken. Aber es war nicht nur das. Helga bekam irgendwann im Schlaf mit, dass ich zitterte und nahm mich meistens in den Arm und tröstete mich. Das half zunächst und ich war in der Lage, meinen Tag normal anzugehen und zu arbeiten. Aber immer öfter zog es mich in den Abgrund und ich schaffte kaum den Weg aus dem Souterrain hoch ins Wohnzimmer, wo ich frierend und schwitzend auf den Sonnenaufgang wartete, auf dass die furchtbare Nacht endlich vergehen möge. Jetzt folgten ein paar Rituale, die mich meistens wieder zurück ins Leben brachten.

Helga stand auf, setzte sich zu mir auf die Couch und hörte mir zu, wenn ich ihr meine Träume erzählte. Ich nahm meine Tabletten, deckte mich auf der Couch zu, und wenn ich endlich wieder müde wurde, ging Helga – größtenteils beruhigt – zur Arbeit. Ich war krank. Mal wieder.

Dieser Zustand wurde nämlich nicht wesentlich besser, als ich mir am späten Vormittag die ersten Weizenbier genehmigt hatte. Essen, Trinken, Tabletten; ich versuchte jede erdenkliche Kombination um diesen Zustand zu ändern, aber die Angst- und Panikattacken hatten mich im Griff.

An den Wochenenden gestaltete sich diese Sache nicht sehr viel anders. Nur, dass ich in manchen Situationen etwas mehr „den Rücken frei hatte". Sprich mehr Zeit, um heimlich zu trinken. Immer öfter spielte ich den Fitness-Fan und schwang mich eine Runde aufs Fahrrad, um etwas Schwung in die müden Glieder zu bekommen, während Helga sich um ihre Morgentoilette und dann ums Frühstück kümmerte.

Ich konzentrierte mich darauf, nicht das Gleichgewicht zu verlieren, auf dem kurzen Weg zur großen Tankstelle an der Hauptstraße, die Gott sei Dank 24 Stunden an sieben Tagen die Woche geöffnet hatte. Nicht, dass ich in der Eile noch stürze und mich evtl. verletze ... ich bin kurz vor dem Ziel ... hoffentlich sieht der Verkäufer nicht, dass ich zittere, und hoffentlich erkennt er mich nicht. Ich war schon so oft da ... Egal, er soll seine Arbeit machen und mir mein Bier verkaufen. Ich nehme noch zwei Croissants mit, dann fällt's nicht so auf ...

Kein Mensch, der nicht selbst Alkoholiker ist, weiß wie ungeheuer wohltuend ein Schluck kühles Bier aus der Büchse und die ersten Minuten, bis der Alkohol ins Blut geht, sind. Buchstäblich in jeder Faser meines Leibes spürte ich die Wirkung, gleichzeitig der wunderbare Geschmack, der automatisch nach mehr verlangte und dann das Gefühl in ein warmes Bad aus Entspannung einzutauchen, als ob das Leben selbst in den Körper zurückkehrt.

Etwa zur gleichen Zeit waren wir mit unserer Familienplanung an dem Punkt angekommen, an dem wir uns damit abfinden mussten, auf natürlichem Weg keine Kinder zu bekommen. Wir mussten also „nachhelfen" und mit künstlicher Befruchtung versuchen, unsere familiären Ziele zu erreichen.

Auch in diesem Lebensabschnitt fand ich die Bestätigung, dass ich die „eigentlichen" Aufgaben des Lebens sehr wohl meistern kann. Wir ließen uns im örtlichen „Kinderwunschzentrum" beraten und untersuchen. „Insemination" hieß die Methode, mit der dem Storch auf die Beine geholfen werden sollte. Das heißt, die männlichen Samenzellen werden aufbereitet, gewaschen und sortiert und der Frau zum entsprechenden Zeitpunkt der Empfängnisbereitschaft eingesetzt. Die wiederum wird vorher hormonell behandelt. Ich lächelte in mich hinein, als ich – wie so viele Männer vor mir – in einem Zimmer hockte, in dem eine Liege mit Papierdecke stand, ein Kästchen, in dem man den Plastikbecher mit seinem Sperma abliefern sollte, und ein Haufen Schmuddelheftchen, die dem Mann auf die Sprünge helfen sollten. Im Laufe des kommenden halben Jahres meisterte ich meine Aufgabe jedes Mal problemlos. Auch wenn wir beide unsere Bedenken hatten, wenn ich kurze Zeit nach einer Panikattacke auf Kommando onanieren sollte. Jedes Mal, wenn ich danach wieder im Büro war, dachte ich mir: „Wenn ihr wüsstet, was ich für einen Vormittag hatte ..." Leider warteten wir alle vier Wochen vergebens auf das Ausbleiben von Helgas Monatsblutung und langsam machte sich der Gedanke breit, dass wir „schwerere Geschütze" auffahren mussten. Also die richtige künstliche Befruchtung, bei der die Eier im Labor befruchtet und dann erst eingesetzt werden. Und wieder stiegen die Hoffnungen und Erwartungen.

Helga wurde schwanger. Nach etlichen erfolglosen Versuchen mit Insemination wurden also die Eier künstlich befruchtet und wir waren bereits mit dem ersten Versuch am Ziel. Voller Freude benützte ich meine Geburtstagsparty als willkommenen Anlass für die guten Neuigkeiten. Die Nachricht hatte sich natürlich schon längst rumgesprochen, aber es sollte für mich der Höhepunkt unserer Feier werden, offiziell zu verkünden: „Wir werden Eltern."

Die Freude war groß und ich fühlte endlich wieder Leben im mir. Eine neue Aufgabe. Ich erkannte langsam, was mich so betrübte. Ich war beruflich in einer Sackgasse. Ich musste etwas tun. Es ist noch alles da, Motivation, Wille, aber ich muss etwas ändern. Ich muss dem Übel auf die Schliche kommen und es ausmerzen, dann werde ich wieder der Alte ...

Alle Mittel und Wege gingen mit durch den Kopf. Neue Ärzte, vielleicht Gesprächstherapie, Entspannungsübungen, irgendwas, aber die Panikattacken mussten aufhören.

Jetzt begann ich mich sogar bei meinen Kollegen zu „outen". Ich zeigte den ersten meine ganze Sammlung an Tabletten, die ich dabei hatte, um zu beweisen, dass ich angeschlagen war, aber auch bemüht, mich über Wasser zu halten. Jeder konnte gern wissen, dass es mir nicht gut ging, ich aber mitten drin war, etwas zu unternehmen. Ich brauche mich nicht zu schämen, wenn es mir nicht gut geht.

Es ist schwer zu sagen, was ich damals für einen Eindruck hinterlassen habe. Verschiedene Gerüchte waren sicher schon längst im Umlauf und ich riss wohl keine großen Lücken mehr im Arbeitsalltag, wenn ich nicht da war. Ab und zu kam seitens meiner Chefetage zur Sprache, dass mein Überstundenkonto immer noch im Minus war, aber ich sah keine Möglichkeit, länger als acht bis neun Stunden in der Arbeit zu verbringen. Am Nachmittag brauchte der Körper sein Quantum Alkohol. Und sie Seele ihre Auszeit von den bohrenden Blicken der Kollegen.

Der nächste kleine Schlag folgte auf dem Fuß. Wir hatten uns viel zu früh gefreut. Bei der zweiten Ultraschalluntersuchung war von dem befruchteten Ei nichts mehr zu sehen. Es muss um die vierte Schwangerschaftswoche gewesen sein, als meine Frau den Fötus wieder verlor. Die ersten drei Monate waren die kritische Zeit. Wir hätten mit unserer Euphorie und Vorfreude noch warten sollen, aber was sollte man machen? Der Wunsch war groß, die Bemühungen langwierig und die Hoffnung unendlich.

Die Ärzte rieten uns zu etwas Tapetenwechsel, um den Kopf wieder frei zu kriegen. Ein kleiner Urlaub in Griechenland sollte uns gut tun.

Ich bekam bereits im Flugzeug nach Heraklion meine Panikattacken nicht mehr in den Griff. Es war auf der S-Bahn-Fahrt zum Flughafen schon ein Gefühl der Beklommenheit spürbar, aber die Enge im Flieger gab mir den Rest. Bis wir auf dem Zimmer waren, war ich körperlich und psychisch dermaßen erledigt, dass ich sofort einschlief. Erst langsam fingen sich meine Lebensgeister wieder, verbunden mit dem Wissen, dass es am Supermarkt an der Hauptstraße genügend Bier gab.

Mir gingen die Ausreden nicht aus, selbst in jeder noch so lächerlichen Situation einen Grund zu finden, allein sein zu wollen. Auch hier, im Urlaub. Helga war schon gewohnt, dass ich ein „unruhiger Geist" war. Aber wie oft und routiniert ich mich die 50 Meter zum Supermarkt schlich und auch noch in der Abstellkammer der Putzfrau im Hotel ein adäquates Versteck für meine Bierdosen fand, war schon beinahe bewundernswert.

Irgendwann ging dann auch Helga in den Supermarkt um ihrerseits Einkäufe zu erledigen. In der Zeit stand ich genüsslich an der Poolbar und beobachtete die Straße, um zu sehen, wie lange die Luft rein war. Es klingt lächerlich: Ich hatte einerseits ein schlechtes Gewissen und andererseits das Gefühl, nichts Falsches zu tun. Das Gefühl, dass Körper und Geist das Bier brauchten, war einfach zu allgegenwärtig. Da störte es mich auch nicht, dass – fast schon in meiner Gegenwart – über mich geredet wurde. Zwei junge Pärchen, die ebenfalls im Flieger aus München waren, sagten etwas wie „... der trinkt schon wieder Bier ...". Es war mir gleichgültig.

In diesem Urlaub nervte mich mein Versteckspiel zum allerersten Mal selber und mir wurde immer deutlicher, was für ein perfides Lügenspiel ich trieb. Der Urlaub war schön, meine Frau und ich waren auf Fernreisen ein eingespieltes Team und zogen stets am selben Strang, aber etwas hatte sich in mir verändert seit dem letzten gemeinsamen Urlaub. Ich spürte in den Tiefen meiner Gefühle heraufziehende Todesnähe.

Der versprochene Erholungseffekt hielt nicht lange. Zurück in München begannen sich die Nächte zu Qualen zu entwickeln. Wieder kam ich morgens nicht mehr „in die Puschen", war an Leib und Seele ausgelaugt. Dabei spielte es keine Rolle mehr, ob ich trank oder nicht. Ein schwarzes Tuch legte sich über meine Seele und ich drohte darunter zu ersticken. Die Tage in der Arbeit wurden immer länger, obwohl ich nie mehr besonders lange blieb. Mein Stundenkonto war immer noch im Minus und mein Abteilungsleiter sprach mich bereits zum wiederholten Mal darauf an. Meine lächerlichen Erklärungen von effektivem Arbeiten usw. waren nur noch Ansätze mich zu wehren. Ich hatte keine richtigen Aufgaben mehr, ich versuchte darauf aufmerksam zu machen, dass ich nur Leistungsnachweise bringen konnte, wenn ich auch entsprechende Aufgaben bekäme, aber es half alles nicht. Mein Selbstwertgefühl sank ungebremst in die Tiefe. Zu Hause begann ich, mir meine Freiräume in jedem Eck zu suchen. Die Bierflaschen wurden jetzt auch im Kellerabteil hinter den Stromzählern deponiert, dort allerdings nur die 0,3er Pils Flaschen. Von denen war eine in einem Zug ausgetrunken, also das konnte ich auch „zeitlich unterbringen", wenn ich nur das Auto aus der Garage oder die Wäsche aus dem Trockner holte.

In der Zwischenzeit hatten meine Frau und ich ein „Spielchen" eingeführt, oder besser gesagt, sie hatte es eingeführt. Von Zeit zu Zeit nötigte sie mir ein paar bierfreie Tage ab. Zum Beispiel wenn ich irgendetwas tat, was ihr zuwider war, sagte sie – auch um der Situation einen humorvollen Hintergrund zu geben – „dafür gibt's drei Tage kein Bier mehr ..." Sie erwartete natürlich, dass ich mich in eigenem Interesse daran hielt.

Ich konnte nicht. Das einzige, was mir Beruhigung verschaffte, war, wenn sowohl meine Nerven als auch ihre beruhigt wurden. Ich ließ sie in dem Glauben und trank auf der Fahrt von der Arbeit nach Hause jetzt zwei Büchsen Bier statt einer. Dass ich dann zu Hause nicht sofort wieder „kurz weg" musste, war Indiz genug, dass ich mich an die „Vereinbarung" hielt.

Das Pils im Keller zu trinken dauerte weniger als eine Minute, und diese Zeit rauszuholen war auch möglich, wenn meine Frau nur im Bad war. Es war absurd.

In all dem Chaos begann sich im Beruf mal wieder das Karussell der Vorgesetzten zu drehen. Der Gruppenleiter wechselte die Gruppe und sein Nachfolger war jemand, mit dem ich persönlich einen wesentlich lockereren Umgang pflegen konnte als mit den meisten anderen. Ein charismatischer, rhetorisch gewandter Mann, mit dem ich sogar zusammen mit unseren Ehefrauen und seinen Kindern schon in der Allianz Arena bei Spielen des F.C. Bayern war. Beste Voraussetzung also für Gespräche von Mann zu Mann. Ich besorgte mir hochoffiziell einen Termin zum Personalgespräch bei ihm und begann in die Offensive zu gehen. Ich war gut vorbereitet und sagte ihm, dass ich mir jetzt mehr Einsatzmöglichkeiten für das kommende Jahr erhoffe, und erwarte, dass meine Einsatzbereitschaft erkannt wurde und ich mich nicht mehr länger hinter meinen Möglichkeiten zurücknehmen musste. „Wenn mich meine Kollegen nicht mitmachen lassen, Christian, gib mir bitte du eine neue Chance. Du weißt, was ich kann ...!" Meine Worte kamen wirklich von Herzen, aber es sollte das letzte Gespräch dieser Art gewesen sein.

Ich denke, dass mein Einsatz wohlwollend aufgenommen wurde. Ich gab ihm zu verstehen, dass ich im Team mitarbeiten wollte und dass mir meine Arbeit so wie sie jetzt war, nicht genügte. Ich wollte ... ich konnte ... Ich gab nicht auf ... noch nicht.

Mai 2009, Koma

Wieder sehe ich alles um mich herum in gleißendem Licht. Ich atme schwer … durch meine Sauerstoffmaske. Ich muss hoch in den Bergen sein. Also doch Himalaya. Ich klettere in voller Montur eine Art „Kamin" hoch; eine enge Felsspalte, in der immer nur einer vorankommt. Ich bin der Erste in der Reihe und steige zügig weiter. Oben geht es heraus auf ein Plateau, aber plötzlich muss ich stehen bleiben. Ich bekomme Platzangst, als der Kamin ins Freie führt. Kein Problem, die anderen hinter mir werden Verständnis haben und warten. Aus der Angst wird Panik. Ich kann nicht weitergehen. Ich ringe nach Luft. Bald werden sie hinter mir merken, dass es mir nicht gut geht. Was mache ich jetzt? Es kann niemand an mir vorbei, der Weg ist zu eng. Ich bin gefangen in zigtausend Metern Höhe und verliere die Beherrschung. Vor allen Leuten … mein Gott was soll ich machen …

Schwarze Schatten

Wir verbrachten den Silvesterabend zu viert in der Spielbank Bad Wiessee. Die Nacht verbrachten wir in einer beschaulichen Pension am Tegernsee. Beinahe kitschig schön war der Neujahrsmorgen, als wir uns zum gemeinsamen Frühstück trafen. Soweit so gut, aber das Problem an der ganzen Geschichte war mein Nervenkostüm. „Aufregende" Unternehmungen wie diese brachten mich an den Rand meiner Belastbarkeit. Auch positiver Stress verlangte meine Dosis Bier, um mich zu beruhigen. Und die war Mangelware. Am Abend im Casino musste ich mich bereits nach dem zweiten Gang beim Dinner kurz verabschieden um mich auf der Toilette zu übergeben. Das Essen war Haute Cousine, aber meine Nerven lagen blank. Und am nächsten Morgen vorm Früh-stück kam die Panikattacke mit dem Ritual des Aufstehens. Anziehen, Zähne putzen ... ein ganz normaler Morgen im Urlaub. Wir gingen ans Buffet, wünschten allseits ein gutes neues Jahr und genossen den Morgen.

Ich nicht. Mir drehte es den Magen um vor Aufregung. Meine linke Hand hätte ich gegeben, um im Erdboden zu versinken. Als ich nicht einmal eine Tasse Kaffee zu mir nehmen konnte, bemerkten Peter und Sigrid natürlich meinen Zustand. Den hatte ich zu Hause schon oft beschrieben, aber sie hatten mich noch nie während einer Panikattacke erlebt. Verständnisvoll sprachen sie mir zu und wir fassten den Beschluss, dass eine erneute Suche nach Hilfe unumgänglich sei. Es MUSSTE eine Art Therapie gegen diese Zustände geben.

Mir platze förmlich der Kragen, als mich vier Wochen später genau an gleicher Stelle die nächste Panikattacke ereilte. Anlässlich Helgas Geburtstag und der Tegernseer Tal-Montgolfiade verbrachten wir wieder ein verlängertes Wochenende am See. Der Morgen als die Ballons aufstiegen, war eiskalt, sonnig und eigentlich wunderschön. Und wieder überkam mich das Gefühl, dass mich die ganze Szene „erschlägt". Weit und breit kein „Schneckenhaus", kein Bier zur Beruhigung, sondern nur geschäftige Leute und gute Laune. Ich stand an einem Baum, mitten auf einer großen Wiese und übergab mich. Ich beschloss, den Tegernsee aus der Liste meiner Lieblingssorte zu streichen.

Februar. Es ist kalt. Seit Tagen schnupfen wir beide in der Gegend rum, das halbe Land ist erkältet. Auch bei mir sieht es nach einer klassischen Erkältung aus. „Das würde jetzt noch fehlen", denke ich mir.

Aber es half nichts, ich wurde krank. „Richtig krank", in meinen Augen. Endlich mal etwas anderes als eine depressive Phase. Der Doktor schrieb mich für den Rest der Woche arbeitsunfähig. Ich bat Helga, die mittlerweile wieder zur Arbeit ging, doch bitte die Krankmeldung in den Briefkasten zu werfen.

Leider vergaß sie selbiges und das sollte Folgen haben. Denn wenn sie nicht den Gang zur Post vergessen hätte, wäre mir nicht der Fehler passiert, meinen Pflichten als Arbeitnehmer nicht zur Genüge nachzukommen.

Der Erkältung folgte eine weitere Panikattacke und jetzt war ich nicht nur seelisch, sondern auch körperlich erledigt. Es folgten weitere drei Tage Krankschreibung. Ich legte die Arbeitsunfähigkeitsbescheinigung neben die andere – die Vergessene – und dachte es würde noch reichen, wenn ich beide zusammen persönlich im Personalbüro abgab. Die Atmosphäre in der Firma war schließlich persönlich genug, dass das kein Problem sein sollte.

Gesagt, getan, am ersten Arbeitstag nach diesen Tagen ging ich als erstes am frühen Morgen ins Personalbüro. Leider war dort noch keiner da, und ich erledigte meine Pflicht, indem ich die Krankmeldungen in den Briefkasten an der Tür warf.

Das sollte das Fass zum Überlaufen bringen. Die Woche war noch nicht zu Ende, da wurde ich zum Personalchef bestellt. Jetzt wurde die gesamte Akte rausgeholt. Meine Krankheitstage, die grafische Kurvendarstellung meiner Fehlzeiten und meiner Minusstunden, und jetzt das: Die Unverschämtheit nach zwei Wochen Krankheit die AUs ohne Kommentar in den Briefkasten zu werfen, anstatt sofort Bescheid zu sagen und den Papierkram innerhalb von drei Tagen zu erledigen. „Das gibt eine Abmahnung." Die Worte des Human Resources Managers waren jetzt bar jeder Geduld. Ich wurde durch den Ring geprügelt wie ein Boxer, der die Arme nicht mehr hochbringt.

Ab jetzt würde ich für jeden einzelnen Krankheitstag eine AU bringen müssen. Keine einzelnen Fehltage mehr, ein Tag krank bedeutete: Gang zum Arzt. Der Vertrauensarzt wäre die nächste Instanz. Ob wegen Alkohol, Depressionen oder Fußpilz, das interessierte niemanden mehr. Ich hatte jeden Kredit verspielt. Ende der Streicheleinheiten und Gespräche über Burn-out oder schwere Lebensphasen; ich hatte gegen die Spielregeln verstoßen und mich nicht einmal dafür entschuldigt.

Eine der ersten Amtshandlungen meines neuen Chefs, auf den ich so große Stücke hielt, war nun, mir meine Grenzen aufzuzeigen und mir eine Abmahnung in die Hand zu drücken. Ich schämte mich, es verantworten zu haben, dass er genau die Schattenseiten seiner neuen Stellung zuerst ausüben musste. Seinen Einstieg als Gruppenleiter hatte sich der Gute sicher anders vorgestellt. Aber dennoch: Auch diese Aufgabe erledigte er mit Bravour. Wie ein Kumpel nahm er mich auf eine Tasse Kaffee mit in die Küche und sagte mir, dass ich mir nichts denken sollte, das war nur ein „Hallo-Wach" aus dem Personalbüro. Wenn alles liefe – und davon gingen wir aus – sei das Ganze in Jahresfrist längst vergessen. Es herrschten doch in Wirklichkeit ganz andere Probleme in der Firma. Sogar dem letzten Schritt vor einer Kündigung nahm er seinen Schrecken. Der Mann hätte sicher einem Eskimo einen Kühlschrank schmackhaft machen können.

In der Zwischenzeit war ich tatsächlich fleißig auf der Suche nach ärztlicher Hilfe. Auf den Rat einer Arbeitskollegin, besuchte ich eine Heilpraktikerin. Ich war erstaunt, als ich bei der ersten Sitzung das Gefühl hatte, dass endlich Land in Sicht war. Ihre sanfte Art, den Patienten Vertrauen zu schenken und einfach „hinter die Kulissen" der Schulmedizin zu blicken, schien ein treffender Ansatz zu sein. Ich versuchte mein Glück mit Globuli und verspürte eine ganze Weile deutliche Besserung.

Parallel dazu besuchte ich einen Therapeuten, der dem Psychiater-Klischee leider sehr ähnlich war. Ein unglaublich gebildeter Mann mit mehreren Veröffentlichungen, aber einfach ein schräger Mensch. Als ich mehrere Sitzungen zubrachte, in denen ich nach meinem Monolog nur einen schlaffen Händedruck zum Abschied bekam, entschloss ich mich diese „Therapie" für mich als unzureichend einzustufen.

Das Frühjahr verlief wie die buchstäbliche Ruhe vor dem Sturm. Ich mühte mich nach Kräften, meine Arbeitsfähigkeit zu erhalten und hatte nur zwischendrin einige Tage, an denen mich meine Panikattacken übermannten, sodass ich meinen Hausarzt konsultieren musste. War vielleicht doch noch ein Hoffnungsschimmer erkennbar? Zwischen Tür und Angel begegnete ich dem Personalmanager und auf das kurze „Wie geht's" erwiderte ich sachgerecht „gut" und mit einem milden Lächeln ging er seines Weges. In meinem Kopf schwirrten aber Ängste, wie die eines Besessenen. Oft sah ich den Mann im Büro des technischen Leiters sitzen und unter vier Augen besprachen sie scheinbar gar wichtige Dinge. Es fror mich bei dem Gedanken, dass die beiden sicher über meine Sucht oder auch Entlassung redeten. Ganz sicher tun sie das, was hätten sie auch sonst zu tun ... Mein schlechtes Gewissen wuchs zum reinen Verfolgungswahn ...

Später sollte ich erfahren, dass die beiden einem Dieb in der Firma auf den Fersen waren und mir nicht das Geringste anhaben wollten. In meinem Kopf war ich der Verbrecher, der gesucht wurde, das schlechte Gewissen war überlebensgroß.

In all dem Trubel versäumten wir es zu Hause termingerecht am Auto die Reifen zu wechseln. Es war fast schon Sommer, als ich mich endlich dazu entschließen konnte „Hand anzulegen". Nun, Reifen wechseln ist keine Kunst, aber unsportlich wie ich nun mal bin, ist das zweimal im Jahr für mich ein Kraftakt. Nicht selten „verhob" ich mich dabei und holte mir eine Zerrung, einen wunden Ellbogen usw.

So auch diesmal. Nach der erfolgreichen Montage der Sommerreifen spürte ich, dass ich mir diesmal die Bauchmuskeln gezerrt hatte. Nun, kein Wunder, wenn es Muskelpartien gibt, die bei mir nicht im Geringsten je irgendwelche Bewegung erfahren, dann die.

Die üblichen Salben halfen nicht mehr, und am nächsten Nachmittag, als meine Schwägerin zu Gast war, machte ich mich auf die Suche nach einer Apotheke, die gerade Notdienst hatte. Zu groß waren die Schmerzen. Auf dem Weg dorthin genehmigte ich mir noch drei Büchsen Pils, schließlich war die Gelegenheit mal wieder günstig und man sollte ja daheim vor der Familie keinen schlechten Eindruck machen.

Am nächsten Morgen war aus der Bauchmuskelzerrung ein ringförmiger Schmerz geworden, der mehr den Anschein einer Nierenentzündung hatte. Mittlerweile war mir der Muskelkater mehr als suspekt, irgendwie war das Gefühl „anders". Es war, als erstreckte er sich ringförmig um den ganzen Oberkörper. Als ich dann zum Wasser lassen ging, erschrak ich ernsthaft. Ich pinkelte hellrot. Ich hatte Blut im Urin. Also waren es doch die Nieren. Ich hatte als junger Bursche im Alter von 21 Jahren eine Nierenbeckenentzündung und kannte aus der Vergangenheit noch die Schmerzen, die mir bevorstehen würden. Ich rief im Krankenhaus in der Notaufnahme an und fragte, ob ich denn schnell kommen dürfte. Gott sei Dank waren nicht viele Leute vor mir. Es war ja auch Sonntagvormittag, strahlender Sonnenschein.

Ich erklärte in der Notaufnahme, was mich her führte und hatte mit schlechtem Gewissen den Gedanken im Hinterkopf, dass sicher eine Blutprobe folgen würde. Nun ja, da werde ich jetzt durch müssen, vielleicht ist es ja gar nicht so schlimm und sie können mir irgendein

Schmerzmittel geben, damit ich am Nachmittag wieder nach Hause kann. Wir wollten vielleicht noch an den See zum Baden fahren.

„Sie haben eine Bauchspeicheldrüsenentzündung." Zunächst konnte ich mit dieser Diagnose herzlich wenig anfangen. „Nun ja, die ist entzündet, das dürfte so wie eine Mandelentzündung sein ...", dachte ich. Dass Pankreatitis lebensbedrohlich sein kann, wusste ich nicht. Das einzig Schlimme daran ist wohl, dass ich jetzt Farbe bekennen muss. Aber das ist wohl auch das Beste. Irgendwann kommt es ja eh ans Licht, dass ich zu viel trinke. Ich werde mich erklären müssen und dann irgendetwas ändern. Aber wie ...? Zunächst musste ich mich mit der Tatsache abfinden, dass ich im Krankenhaus bleiben musste. Also rief ich meine Frau an und schilderte ihr in kurzen Worten, was geschehen war. Sie musste mit der Straßenbahn kommen und mir Sachen für die nächsten Tage bringen.

Schon hier zeigte sich die Engelsgeduld Helgas. Wir besprachen die Lage ausführlich und kamen überein, dass es jetzt an der Zeit war, etwas zu tun. Sie war mir nicht böse, aber die Lage war klar. So konnte es nicht weitergehen. Ich hatte noch keinen klaren Gedanken, wie es weitergehen sollte, aber gut ... jetzt muss man erst mal sehen, dass sich die Gemüter beruhigen, sich meine entzündete Bauchspeicheldrüse bessert und dann machen wir Plan B. Soll heißen, ich habe keine Ahnung, was ich tun werde.

Mein größter Schmerz war momentan der, dass ich mit der Hand im Honigtopf erwischt worden war. Ich weiß, lieber Leser oder Leserin, Sie würden mir jetzt am Liebsten das Buch um die Ohren hauen für meine Undankbarkeit meiner Frau gegenüber. Aber so war ich zu der Zeit gestrickt. Schaden begrenzen, Besserung geloben, heimlich weiter trinken. Alles nicht so schlimm ...

Gegenüber meinem Krankenbett lag ein Obdachloser, der nach einem Zusammenbruch gerade wieder aufgepäppelt wurde. Desillusioniert sah er stundenlang aus dem Fenster, während ich mich langsam in meinem Krankenbett häuslich einrichtete. Also bin ich schon wieder krank, diesmal wenigstens unbestritten und von höchster Ebene aus „verordnet". Trotzdem rief ich sofort meinen Gruppenleiter Christian an, um ihn vom neuesten Stand in Kenntnis zu setzen.

Bald darauf besuchte mich meine Mutter und wir redeten über den Ernst der Lage. Soweit das damals der richtige Begriff für meine Situation war. Noch immer wusste ich herzlich wenig über die Bauchspeicheldrüse und es kümmerte mich auch nicht besonders. Es kümmerte mich mehr, dass meine Frau weinte, als sie hörte, dass ich hinter ihrem Rücken getrunken hatte. Mit Engelszungen redete meine Mutter auf mich ein. „Denk doch dran, was du an Helga hast, und was ihr noch alles miteinander erleben könnt ... das ist doch alles viel zu schön, um es wegzuwerfen.“ Sie hatte so recht ...

Es erstaunte mich, dass ich während der Zeit im Krankenhaus ohne Alkohol auskam, ohne spürbare Entzugserscheinungen zu haben. Gut, ich hatte keine Ahnung, welche Medikamente ich verabreicht bekam, aber dennoch. Dass ich in einer Krise steckte war klar, aber die war in meinen Augen mehr beruflicher Natur. Schließlich wartete ich auf den Rückruf meines neuen Abteilungsleiters und auf ein Gespräch über die aktuelle Lage.

Nach ein paar Tagen hatte ich auch noch Schmerzen im Knie. Und zwar dermaßen, dass man mich zur Kernspintomografie schickte.

Die Aufregung hatte für eine psychosomatische Schleimbeutelentzündung gesorgt. Sie sollte von selbst wieder vergehen und nie wieder kommen. Sicherheitshalber wurde allerdings mein linkes Bein eingegipst, was eine baldige Genesung in weite Ferne rückte. Das auch noch ...

Eines Morgens kam die Visite und der diensthabende Arzt erklärte mir zu meinem Blutwerten folgendes:

„Herr Endres, wenn ich diesen Laborauszug meinen Studenten zeige, dann hätte ich ein Beispiel, das schlechter nie sein könnte und zeigt, wie ein Blutbild eines erwachsenen Menschen nie sein darf. Ihr Körper ist noch jung und verzeiht Ihnen das hier noch, aber so geht das nicht weiter.“

Es folgten einige ernste Worte, die sich anhörten, als ob ein Zehnjähriger im Supermarkt etwas geklaut hat und sich seiner Tat noch nicht richtig bewusst war.

„Heißt das, ich darf nie wieder etwas trinken?“, fragte ich vorsichtig. Der Assistenzarzt nebenan nickte beiläufig. Ich weiß nicht mehr, was genau mir in dem Moment durch den Kopf ging, aber es müssen Gedanken gewesen sein, dass ich eine „zweite Meinung“ einholen wollte, oder der unterschwellige Wunsch, dass sich der junge Arzt bestimmt nur wichtig machen wollte. „Gar nichts mehr trinken? Wie stellen sich die beiden das vor?“ Die wissen sicher nicht, was das für mich bedeutet ...

Dann wurde dem Obdachlosen gegenüber in gleicher Weise seine Lage erklärt. Seine Leber sei kaputt, bei ihm sei die Lage schon lange klar. Er nickte nur. Schon oft schien er diese Diagnose gehört zu haben.

Endlich hatte ich meinen Disziplinarvorgesetzten am Apparat. Ich schilderte ihm bedrückt meine Situation. Ich zeigte meine Betroffenheit und meine Wut über die Hilflosigkeit, jetzt auch noch im Krankenhaus gelandet zu sein, wo meine Probleme in den letzten Monaten doch sichtlich psychischer Natur waren. Ich hätte sagen können, was ich wollte, hinter den Kulissen war die Entscheidung, wie es mit mir weitergehen würde, schon gefallen. Die Aussage meines Chefs blieb mir bis heute sinngemäß tief in Erinnerung. „Fredy, lass mal gut sein. Es wird eine Entscheidung geben und die wirst du selber treffen."

Lange überlegte ich mir, welchen positiven Aspekt diese Aussage haben könnte. Keinen. Die Entscheidung, die ich zu treffen habe, kann nur die Wahl zwischen Kündigung und Versetzung sein. Ich habe nirgendwo um eine „Entscheidung" gebeten, also werde ich vor eine Wahl gestellt, von der ich jetzt noch nichts weiß, die aber auf jeden Fall nicht in meinem Interesse sein kann.

Zunächst schien noch alles „nach Plan" zu verlaufen. Zusammen mit Ehefrau und Mutter hatte ich Besserung gelobt. Es musste gehandelt werden. Soweit war ich auch mit dem Sozialdienst des Krankenhauses übereingekommen. Auf alle Fälle würde ich mich umgehend in Behandlung begeben. Ein Wechsel des Psychologen und eine Neuaufnahme der Behandlung waren unausweichlich.

Wieder aus dem Krankenhaus entlassen, machten meine Frau und ich eine Woche Urlaub am Bodensee. Die Ferienwohnung der Schwägerin war ein beliebtes Anlaufziel. Das untrügliche Gefühl, dass das dicke Ende bald kommen würde, ließ jedoch jeden Gedanken an Entspannung in weite Ferne rücken.

Ich rief wie immer alle paar Tage zu Hause an um mich nach dem Stand der Dinge und nach eingegangener Post zu erkundigen. Meine Mutter berichtete, dass Nachricht vom Rentenversicherungsträger gekommen sei. Ich solle drei Monate auf Kur. Auf Entziehungskur. Ich war schockiert. Mit Suchtkranken auf einen „Entzug"? Wer bin ich denn? Die schießen ja mit Kanonen auf Spatzen! Ich kämpfe gerade um meinen Arbeitsplatz und habe für so etwas jetzt nicht die geringste Zeit ...

Wieder daheim ging ich sofort zu meinem Hausarzt und schilderte ihm meine Lage und fragte nach Alternativen. Ich erklärte, dass ich auf keinen Fall für viele Wochen in ein verschlafenes Nest nach Hessen gehen könnte, ohne zu wissen, ob das überhaupt das Richtige für mich ist, während im Büro die Arbeit liegen bleibt. Ich musste mich jetzt beweisen, durchstarten, mehr denn je.

Taktvoll legte mir der Arzt nahe, mir die Sache noch mal zu überlegen. Es sei eine gute Klinik und eine Überlegung wert.

Zu Hause setzte ich in der diplomatischsten Form, zu der ich im Stande war, einen schriftlichen Widerspruch auf. Man kann ja seine „Wünsche" äußern.

Der Sommer war ins Land gezogen, das öffentliche Interesse auf die olympischen Spiele gerichtet und von Zeit zu Zeit traf man sich mit den Nachbarn im Garten. Ich erinnere mich an diese Szenarien deswegen, weil sich gleichzeitig in meinem Kopf der Gedanke zusammenbraute, mal zur Abwechslung alkoholfreies Bier zu trinken. Die Rituale hatten mich sofort wieder im Griff. Zu Hause, gemütliches Wohlfühlen, Bier trinken. Die psychische Abhängigkeit zog sofort wieder ihre Schlinge zu.

Es kam wie es kommen musste. Zunächst trank ich zwei bis drei alkoholfreie Bier, dann mischte sich ein kleines 0,3er Pils darunter, dann zwei weitere und nach einiger Zeit machte sich der Gedanke breit, dass ich „es im Griff habe" und ich trank wieder ausnahmslos „richtiges" Bier wie vorher. Das ist eine der ersten Fallen, in die Suchtkranke tappen. Man darf nicht mal mehr alkoholfreies Bier trinken. Der Kopf ebnet sofort den Weg zum richtigen Bier. Sogar die Flasche und das Öffnen des Kronenkorkens suggerieren dem Biertrinker, dass gleich die Wirkung des Alkohols kommt.

Damals wusste ich noch nicht, welche unglaublich radikalen Schritte notwendig gewesen wären, um mich zu entwöhnen. Ich hätte so viele Grundzüge meines Verhaltens ändern müssen. All das habe ich erst später gelernt.

Hätte ich Wodka getrunken, den man ja so gerne in den bekannten durchsichtigen Glasflaschen mit einem Motto darauf bekommt, hätte ich sogar in Zukunft mein Mineralwasser nicht mehr aus Glasflaschen trinken dürfen, um dem Hirn nichts vorzugaukeln. Mit dem alkoholfreien Bier ebnete ich dem richtigen Bier geradezu den Weg. Und wenn schon. Eine Entzündung vergeht ja wieder ... Und wenn nicht ... es ist mir schon fast egal. Ich lasse mich nicht einschränken. Von niemanden.

Eines Morgens fand ich dann einen Brief in der Post und der gab mir den Rest. Meinem Einspruch wurde stattgegeben, ich solle jetzt nicht mehr nach Hessen auf Entzug, sondern in eine bayerische Klinik im Raum Chiemsee. Ja haben die denn gar nichts verstanden? Mit der gleichen Grundeinstellung, mir nichts vorschreiben zu lassen, warf ich den Brief in den Papiermüll. Gleichzeitig spürte ich etwas, dass ich in der Zeit im Krankenhaus nicht spürte. Ein dunkler Schatten zog sich über mich, die Wahrnehmung schien verzehrt, der Todeswunsch tief in mir meldete sich und ließ nichts Vernünftiges mehr in meinen Kopf außer Trauer, Ohnmacht und den Wunsch, alles zuzudecken und zu trinken bis es besser würde. Die Depression schien sich wie eine Schlagbohrmaschine durch meinen Verstand zu bohren.

Die Wahrheit baute sich wie eine Welle vor mir auf. Eine Welle, in der ich buchstäblich ertrinken sollte. Ich werde von Ärzten und Behörden wie ein Suchtabhängiger behandelt. Was soll ich in so einer Klinik? Ich soll nichts mehr trinken, werde behandelt wie ein Verbrecher, ich bin nicht so …

Als ich den Brief in den Müll warf, wollte ich damit ein Stück Leben wegwerfen, auf das es niemals wieder aus dieser Papiertonne rauskommen möge. Nichts würde ich über diesen Brief sagen, niemanden. Niemals. Er ist nie angekommen …

Das nahende Ende

Der Herbst kündigte sich an und in der Arbeit tat ich alles, um über die Runden zu kommen. Manche Kollegen gingen erst in der zweiten Ferienhälfte in Urlaub und so kam es, dass ich mehr zu tun bekam als üblich, wodurch die Tage kurzweilig wurden. Auch Christian, mein neuer Gruppenleiter, war nicht da und ich brauchte wenigstens keine Angst vor dem nächsten Personalgespräch zu haben. Wie armselig kam ich mir teilweise vor. In einer Firma in der offene Gesprächskultur propagiert wurde, war ich froh, meine Kollegen nicht sprechen zu müssen. Mein Selbstwertgefühl war auf dem Nullpunkt.

Auch in der Führungsebene wurde mal wieder „Reise nach Jerusalem" gespielt und der Chef-Chef, wie wir den Abteilungsleiter scherzhaft nannten, war auch ein Neuer. Es kam ein Kollege, der sich in den Jahren zuvor im Ausland seine Lorbeeren verdient hatte. Er war mir damit in Erinnerung geblieben, dass er sein Selbstbewusstsein darstellte, indem er an Stelle von Anzug und Krawatte immer im Rollkragenpulli rumlief. Eigentlich war das symbolisch für die legere Art der Firmenleitung.

„Du, ich muss dich nachher noch mal kurz sprechen", sagte er als er ganz nebenbei an meinem Schreibtisch vorbei ging. „Ich schick dir 'ne Einladung per Email mit einer Besprechungszimmer-Reservierung."

„Wieder ein Gespräch?", fragte mein Freund Paul vom Schreibtisch gegenüber. „Ja", erwiderte ich, „aber diesmal kann ich mir nicht vorstellen, um was es geht. Die letzten zwei Monate ist alles glatt gelaufen. Ich lass mich mal überraschen." Ich wußte allerdings sehr wohl, welche Möglichkeiten es gab. Entweder ein kleines Lob für den Einsatz der letzten beiden Monate, in denen ich deutlich zeigte, dass ich mitmachen wollte, oder es war meine Kündigung, die einfach nur heute ausgesprochen wurde, weil sich jemand die Zeit dafür nahm.

Was dann folgte war ganz einfach: Es dauerte etwas weniger als eine viertel Stunde um meine berufliche Laufbahn nach 14 Jahren Firmenzugehörigkeit zu beenden und mich gleichzeitig in die Richtung eines Selbstmordversuches zu bringen.

Sachlich, ohne jede Spur von Emotionen, erklärte mir mein Abteilungsleiter, der bis zu diesem Tag keine drei Worte mit mir gewechselt hatte, dass mein Krankheitsverlauf und meine Fehltage über die Jahre gesehen nicht mehr tragbar seien und ich als Versuchsingenieur keine

Zukunft mehr hätte. Rein rechnerisch steigern sich meine Fehltage jährlich überproportional, und wenn das so weitergehe, würde ich 2010 mehr krank sein als arbeiten. Er könne mir noch eine Stelle als Lagerarbeiter anbieten, allerdings höchstens für die Hälfte der Bezüge. Das Beste sei aber, dass ich mich beim Personalchef melde und von meiner Seite aus um eine Aufhebungsvereinbarung bitte. Für den Fall, dass ich beides ablehne, würde eine fristgerechte Kündigung ohne Abfindung erfolgen. Heute sei Donnerstag und am Montag wolle er eine Antwort von mir. Mit einem schlichten „Danke“ beendete er das Gespräch, verließ den Raum und traf im Flur lachend einen Kollegen, den er mit „Ach, warte ich komm gleich auf einen Kaffee mit“, begrüßte.

Wenn ich heute darüber nachdenke, frage ich mich oft, ob es seitens der Firma nicht Möglichkeiten gegeben hätte, mir noch Hilfe anzubieten. Es kamen keine Fragen mehr, keine Mahnungen, kein Aufzeigen von möglichen Problemlösungen, bei denen ich noch eine reelle Chance gehabt hätte. Den Joker, mit dem Suchtkrankenhelfer reden zu dürfen, hatte ich schon vor Jahren ausgespielt, eine weitere Schonfrist gab es nicht. Damals war ich darüber wütend. Heute kann ich akzeptieren, dass es in solchen Situationen keine zweite Chance gibt.

„Und?“, fragte Paul am Gruppenschreibtisch. „Er hat mich rausgeschmissen, ich kann gehen“, hörte ich meine eigene Stimme von weit weg sagen. Paul holte tief Luft, stand auf und verließ das Büro. Ich rief meine Frau an. Was für ein Tag. Es war der 1. Oktober 2008 und wir feierten heute Abend unseren vierten Hochzeitstag. Wir hatten Karten für ein Queen-Konzert am gleichen Abend, auf das sich der alte Rockmusikfan in mir so freute. Irgendwie versuchten wir uns davon den Tag nicht verderben zu lassen, aber das war ein sportlicher Vorsatz, angesichts dessen, was mir bald bevorstand.

Jetzt begannen die Dämme zu brechen. Langsam „stieg die Flut in meinem Leben“ und damit die Angst zu ertrinken. Und trotzdem, es stellte sich bei aller Trauer um meinen verlorenen Arbeitsplatz sogleich ein Gefühl der Erleichterung ein. Ich wusste nicht, was auf mich zukam, aber es würde weitergehen. Ich hatte schon so viele Betriebe von innen gesehen und nach einer Zeit der Umgewöhnung sollte ich bestimmt wieder irgendwo Fuß fassen ... Jede Veränderung muss doch auch etwas Positives mit sich bringen.

Ich setzte mich also an den Computer und verfasste ein sachliches Email an den Human Resources Manager mit der Bitte, um einen Gesprächstermin. Die Antwort mit der Einladung kam keine zehn Minuten später. Ich war der Letzte, der von meiner Entlassung erfuhr, es war schon alles vorbereitet.

Sollte mir dieser Tage das Gleiche wieder passieren, würde ich mir, neben einer adäquaten Unterstützung durch einen Betriebsrat, einen Anwalt nehmen und zuerst hinterfragen, ob ich noch Möglichkeiten hätte, dem Verlust meines Arbeitsplatzes entgegenzuwirken. Aber ich war bereits ein zermürbter Alkoholiker, ein gebrochener Mann. Ich hatte nicht mehr die Kraft, mich zu wehren und ich wollte auch nicht mehr. Es wurde mir der gesetzliche Mindestanspruch einer Abfindung geboten und nach kurzer Debatte noch ein Aufschlag um ca. 15 %.

Nach der Vertragsunterzeichnung begann die sogenannte „Abschiedsrunde". Ich hatte noch 1,5 Wochen abzuleisten und war zum 15. des Monats freigestellt. Sechs Monate weitere Bezahlung, danach die Abfindung. Sollte ich vorher Arbeit finden, würde sich die Abfindungszahlung noch erhöhen. Alles formell korrekt. Ich konnte mich nicht beschweren.

Die Herzlichkeit der Kollegen an meinem letzten Tag war begrenzt. Nun, Männer sind da untereinander eh etwas distanzierter, aber dass ich keine großen Lücken reißen würde, ließ man mich deutlich spüren. Eine Tatsache, die schmerzte. Nicht, dass ich gerne „wichtig gewesen wäre", aber ich hatte das Gefühl, versagt zu haben. Auch menschlich. Das Abschiedsgeschenk – ein Gutschein für den Souvenir Shop der Münchener Allianz Arena – konnte mich nur wenig trösten. Auch, dass meiner Einladung zum Abschiedsessen nur wenige Kollegen folgten, sprach für sich.

Mit meinem Aktenkoffer und zwei großen Tüten voller persönlicher Utensilien in den Händen verließ ich das Hauptgebäude, das seit ein paar Monaten neuerbaut erstrahlte. Der große, breite, lichtdurchflutete Flur lud zum Verweilen in den Ledersitzgruppen ein. Gern bin ich dort gesessen und habe bei einer Tasse Kaffee mit Kollegen philosophiert. Es war eine moderne, junge Firma. Christian, mein Gruppenleiter, konnte mir nur im Vorübergehen alles Gute wünschen, er musste zu einem dringenden Meeting. Unser Chef-Chef, der mich so kurz und bündig abgekanzelt hatte, ging vorweg, vermied aber, sich bei mir zu verabschieden.

Nicht, dass ich darauf Wert gelegt hätte. Es war wohl eher ein Glück für mich, dass ich ihm nicht ins Gesicht sagen konnte, was ich ihm in Wirklichkeit wünschte für seine stets sachliche, aber unmenschliche Art mit Mitarbeitern umzugehen. Er hatte einen Beruf, bei dem er sich von Zeit zu Zeit Feinde machte. Heute hatte er einen mehr. Niemals mehr möchte ich diesen Menschen wiedersehen.

Der nächste Gang war einer, den wohl kein Mensch gerne geht. Ich musste mich tags darauf beim Arbeitsamt melden. Gut vorbereitet kam ich meinen Verpflichtungen zur Gänze nach. Meine notwendigen Papiere waren vollständig, meine Meldung überpünktlich, mein Auftreten korrekt und so wurde ich auch behandelt. Ich schilderte meine Geschichte in Kürze und erntete umgehend Verständnis. „Wir bekommen so viele, denen es wie ihnen geht“, sagte die Sachbearbeiterin, errechnete nebenbei mein Arbeitslosengeld und erklärte mir den weiteren Ablauf der Dinge. Ich solle mich mit meinen Bewerbungen in sechs Wochen wieder melden und die Termine einhalten. Eigentlich war ich sehr positiv überrascht wie zuvorkommend die Mitarbeiter dort waren. Auch wenn ich im Nachhinein durchaus sagen muss, dass meine Arbeitslosigkeit dort lediglich verwaltet wurde. Meine neue Arbeit musste – und wollte – ich mir natürlich selbst suchen.

Ich war auch voller Tatendrang. Mein Tagesablauf war zunächst durchstrukturiert, kurzweilig und ausgefüllt. Meine Frau ging zur Arbeit und ich arbeitete mit Hochdruck an meinen Bewerbungen. Es gab reichlich Angebote, auch wenn es die Zeit der „großen Wirtschaftskrise“ war. Aber „während der Krise“ bedeutet auch „vor dem Aufschwung“. Und so streckten viele Unternehmen ihre Fühler bereits nach neuen Kräften aus. Allerdings, wenn man alle Umstände einberechnete, würden sicher Monate vergehen bevor es zu einer Vertragsunterschrift kommen würde.

Eine Bewerbung setzte ich dermaßen in den Sand, dass ich mich hinterher hätte ohrfeigen können. Einige Zeit nach einem relativ vielversprechenden Vorstellungsgespräch meldete sich der Filialleiter bei mir am Telefon und erwischte mich stockbesoffen. Ich achtete gar nicht auf das Display – was ich in meinem Versteckspiel sonst immer tat, wenn ich daheim trank und angerufen wurde – und stammelte wirres Zeug vor mich hin. Auf die Frage, wann ich die Stelle besetzen könne bzw. welche Kündigungsfrist ich zurzeit habe, brachte ich noch lallend heraus, dass ich „nachsehen muss“ und wir uns noch mal zusammenrufen mögen. Als ich auflegte, wurde mir schlagartig klar, was ich gemacht hatte. Der Mann meldete sich natürlich nie wieder.

Die Tage vergingen und der Tagesablauf wurde eintöniger. Irgendwann hat auch der fleißigste Bewerber 20 bis 30 Bewerbungen „am Laufen“ und damit den Markt abgearbeitet. Langeweile kam auf. Der

Weißbierkonsum stieg. Die Rituale, die sich der Langweile anpassten, bestanden jetzt schon aus den ersten Bieren am Vormittag. Frühstück, Fernsehen, Musik hören, Post holen, Bier holen. Ich versuchte, mich abzulenken und Ausflüge in die Stadt zu machen, um mit Freunden Mittag zu essen. Die Wege führten mich zum nächsten Kiosk für eine schnelle Büchse zwischendurch. Der Effekt, den das Bier früher hatte, war nicht mehr da. Das schlechte Gewissen überwog, und wenn sich das Rauschgefühl einstellte, kamen die Angstzustände dazu. Dann die Panikattacken und dann die Flucht. Die Räumliche, indem ich nach Hause fuhr, die Emotionale, indem ich es niemanden erzählte. „Alles wird besser, wenn ich wieder Arbeit habe. Und neue Motivation. Die Arbeit ist schuld, ich muss nur warten, bis das wieder wird, dann ist alles besser ..."

In der Zwischenzeit sah ich mich genötigt mal wieder meine Blutwerte kontrollieren zu lassen. Meine Frau, die engsten Freunde und irgendwo auch ich selbst waren neugierig, wie es denn nun um mich steht, da ich „nicht mehr trinke". Ich nutzte die Gelegenheit, um mich zu informieren, was ich wegen meinen Panikattacken machen sollte. Als das Gespräch beim Arztbesuch auf meinen Gamma-GT-Wert von etwa 250 kam, fragte der Arzt, ob ich denn noch trinke. Ich bejahte, mit der Aussage „Zur Zeit geht es einfach nicht anders". Mein Arzt sagte nur: „Das ist aber keine gute Idee ..."

Im Dezember machten wir dann noch mal einen großen Urlaub. Nach Abwägung aller Möglichkeiten war es mehr als unwahrscheinlich, dass ich im laufenden Jahr noch Arbeit finden würde. Und wenn ich dann wieder in Lohn und Brot stand, würde ich mindestens ein halbes Jahr wegen der anstehen Probezeit keinen Urlaub bekommen. Und meine Frau hatte auch noch ihren ganzen Jahresurlaub. Also warum nicht jetzt. Auf eigene Faust und auf bekanntes Terrain.

So bereisten wir noch einmal den Westen der USA. Mit dem Mietauto die großen Nationalparks erkunden und Sehenswürdigkeiten wie Las Vegas und andere große Städte erleben. Außerdem hatte ich es geschafft, von Deutschland aus Karten für ein AC-DC Konzert in Phoenix, Arizona zu bestellen, und darauf wurde die gesamte Reiseroute ausgelegt.

Es war ein sagenhaft schöner Urlaub. Allerdings hatte meine Frau Anfälle von Weichteilrheuma und Gelenkschmerzen, auf die sich kein Mensch einen Reim machen konnte. Sollte sie bereits psychosomatische Schmerzen haben? Hatte irgendwas tief in ihr geahnt, was kommen sollte?

Während diesem Aufenthalt in den USA wurde mir noch mal vor Augen geführt, wie es um meine Abhängigkeit bestellt war. Ich war das klassische Abbild eines Abhängigen. Ich brauchte mein Quantum Bier und besorgte es mir in Augenblicken, die ich mir „stehlen konnte". Im Nachhinein war auch meiner Frau völlig klar, warum ich immer alleine zum Tanken fuhr, ab und zu Spaziergänge unternahm, um noch zu „fotografieren" oder Ähnliches. Auch im Urlaub pflegte ich mein Lügengebilde, das eigentlich nicht mehr zu übersehen war. Während eines Aufenthaltes in Page, Arizona, besuchte ich den Laden neben der Tankstelle an ein und demselben Abend dermaßen oft, dass der junge Mann an der Kasse schließlich sagte: „I cannot give you anymore Sir, it's the law." (Ich kann Ihnen nichts mehr geben, das ist Vorschrift.)

Geht's noch peinlicher? Ich kaufe so viel Bier, dass ich keins mehr bekomme! Ich riss mich zusammen mit dem Gedanken, den Laden hier ab morgen früh nie wieder zu sehen und außerdem mein „Quantum" schon intus zu haben.

Und dennoch, zwischen den Stunden der Peinlichkeiten und Heimlichtuerei wuchs ich streckenweise über mich hinaus.

Ich war immer noch zu Gratwanderungen fähig, die wirklich Nerven brauchten. Als unser Heimflug wetterbedingt ausfiel, schaffte ich es in ellenlangen Telefonaten und Entscheidungsfindungen unsere komplette Heimreise neu zu organisieren. Ich hatte das Fingerspitzengefühl zur richtigen Zeit das Richtige zu tun, und buchte die Flüge um, organisierte den Mietwagen und ließ mich vor einer amerikanischen Hotline an die nächste verbinden. Meine Frau war spätestens hier mit ihrem Englisch am Limit. Die vier Tage unfreiwillige Verlängerung des Urlaubs, die wegen einem Jahrhundert-Schneechaos in Las Vegas folgten, waren Balsam für mein geschundenes Selbstbewusstsein. Organisieren, planen, mitdenken, umbuchen, ich kann das alles noch ...

Wie oft zuvor kam mir hierbei der Gedanke, dass eine „richtige Aufgabe" das Beste wäre um mich vom Trinken abzuhalten. Im Prinzip war dieser Gedanke richtig, aber es ging nicht nur um die „berufliche Aufgabe", sondern um eine Neuausrichtung meines Lebens und meiner gedanklichen Orientierung. Und natürlich wusste ich noch nicht, wie sehr mein Körper in Mitleidenschaft gezogen war.

Mein letzter Jahreswechsel als „nasser" Alkoholiker war geprägt von der Angst, nicht von der Polizei beim Fahren erwischt zu werden. Und nicht von meiner Frau und meinen Freunden beim Trinken. Wir besuchten ein kleines Live-Konzert einer „Hausband". Es herrschte eine Art Club-Atmosphäre; es war eng, wir hockten auf Bierbänken und mein wichtigster Gedanke war, wie ich den Abend hier drin ohne Bier überstehen sollte. Mitternacht wurde draußen im Freien Sekt gereicht und wenigstens da konnte ich unbemerkt ein paar Gläser zu mir nehmen und spürte augenblicklich die wohltuende Wirkung des Alkohols und den Wunsch, mehr davon im mich hinein zu kippen bis das wohlige Gefühl alles übermannen würde. Aber es ging nicht, ich musste fahren und trank offiziell nicht mehr. Ich war sogar ganz stolz den Drang nach mehr Sekt unterdrücken zu können, bis ich den Punkt erreicht hatte, an dem mir klar wurde, dass es jetzt mit dem Autofahren grenzwertig wurde. Ich überstand den Abend mehr oder weniger glimpflich, aber genießen konnte ich den Jahreswechsel nicht. Zuviel war schon passiert und noch mehr lag im Ungewissen.

In den Wochen darauf war das beherrschende Thema meine Suche nach Arbeit und wie ich die Zeit zu Hause rumbringe. Es lief immer auf das Gleiche hinaus. Bewerbungen schreiben, essen, trinken, ausschlafen bis Helga von der Arbeit heimkommt, geschäftig wirken, und den Abend so vergehen lassen wie alle anderen.

Und dann kamen die Nächte. Es wurde zusehends schlimmer. Jeden Morgen wachte ich gegen 4.00 Uhr auf und fing an zu zittern. Die Angst und die Panik nahmen Besitz von mir und die Gedanken rasten. Wo ich vorher noch schlief wie ein Ozean, der ruhig liegt, kam nun wieder der Sturm im Kopf, der sich im Ozean des Schlafs zum Tsunami auswuchs. Meine Gefühle und Empfindungen verloren jede Richtung, ich war gebeutelt wie ein Hund. Die Weinkrämpfe wurden mehr und dann auch vom Wunsch zu sterben begleitet. Dazu kamen die Panikattacken. Und die Depression. Meine Schuldgefühle und mein nicht mehr vorhandenes Selbstwertgefühl schaukelten sich gegenseitig hoch. In der ersten Tiefschlafphase erholte ich mich jede Nacht halbwegs, aber mit den Träumen kam die Angst.

Manchmal stand ich auf, zog mich an und ging vors Haus ins Freie, um den Kopf frei zu bekommen. Es half nicht viel. In meiner Verzweiflung dachte ich, dass dies Entzugs-Symptome waren, wurde mir aber nie richtig darüber klar. Ich machte die Probe aufs Exempel und schlich mich in den frühen Morgenstunden in den Keller und trank ein kleines Pils, um die Symptome zu bekämpfen. Aber das brachte nicht viel. Ich fand keine Ruhe mehr bis der Tag anbrach.

Verzweifelt und hilflos ging meine Frau zur Arbeit und regelmäßig rief ich sie nach einigen Stunden an, um ihr zu berichten, dass es mir besser ging. Das Schauspiel lief wochenlang so ab und zermürbte uns. Ich war nur noch abgrundtief traurig, hoffnungslos und sah keine Lösung mehr, aus diesem Kreislauf auszubrechen. Ich konnte so nicht mehr weiterleben, weder nüchtern noch angetrunken, mein Leben schien mir aus den Händen zu gleiten. Ich war kurz davor, mich aufzugeben.

Aber selbst dieser Zustand rief in mir keine Gedanken an einen aktiven Selbstmord hervor. Viel mehr ahnte ich, dass ich bereits unter den Schwingen des Todes schwebte und wartete, bis er mich holte.

Zwischenzeitlich versuchte ich, mich mit alten Hobbys zu erfreuen. Ich hatte eine Eintrittskarte für ein Konzert einer meiner Lieblingsbands erstanden. „Asia“ gaben ein Gastspiel in München und ich hatte gute Sitzplatzkarten bekommen. Weit vorne, vor der Bühne, wo ich meine alten Helden ganz aus der Nähe sehen konnte. Weit weg war die Erinnerung an das Jahr 1982 als ich sie das erste Mal sah. Als junger Bursche stand ich in der Arena der Halle und tobte vor Begeisterung. Heute kauerte ich in meinem Stuhl und konnte noch die eine oder andere Erinnerung an die Gefühle rekapitulieren, die ihre Songs in mir hervorgerufen hatten. Alles in mir sehnte sich danach, dass das Konzert bald zu Ende gehen möge, um endlich an der Tankstelle noch ein Bier mitzunehmen, das ich dann kurz vor der Garage daheim trinken würde, um auch ja nicht angetrunken Auto zu fahren. Ich hätte fast geweint, als ich noch vor der Zugabe, ein Song auf den ich mich sehr freute, die Halle verließ, um dem übermenschlichen Drang nach Entspannung nachzugeben. Ich steuerte die nächste Tankstelle an, um Bier zu kaufen und stieß auf eine, die nachts keinen Alkohol ausschenkte, was mich nicht nur überraschte, sondern regelrecht schockierte. „Na gut“, sagte ich zum Tankwart, „dann fahr ich halt woanders hin.“

„Der muss dich doch jetzt für einen Trinker halten“, sagte eine Stimme in meinem Kopf, „Genau das bist du auch“, erwiderte eine andere.

Mit einigen Büchsen Bier im Auto fuhr ich nach Hause und schlug in einer Seitenstraße die Zeit tot, um nicht auffällig früh heimzukommen.

Eine der letzten Erinnerungen, die ich an die ersten Wochen des Jahres 2009 habe, ist die, dass ich mich mit meinem besten Freund in der Innenstadt zum Mittagessen traf. Ich hatte ja Zeit und konnte ohne

Weiteres zum Essen mittags mit der S-Bahn in die City fahren. Während meiner Arbeitslosigkeit bekam ich freundlich gemeinte Angebote von Freunden, mich mit ihnen zu treffen, um mir so gut es ging die reichlich vorhandene Zeit zu vertreiben. Und um noch etwas für die Fitness zu tun, verband ich das Ganze dann mit ausgiebigen Spaziergängen und Schaufensterbummeln in der Stadt. Nur diesmal sah ich die Auslagen in den Läden wie aus einem Film. Das öffentliche Leben vor meinen Augen war auf einmal weit weg, ich fühlte mich wie fernab vom Zeitgeschehen.

Wir saßen in einem Straßencafé, die ersten wärmenden Strahlen der März-Sonne taten gut auf der Haut, aber ich konnte meinem Freund Peter kaum zuhören, als er mir seinen Vormittag schilderte. Der Tagesablauf eines „normal arbeitenden Menschen" war so weit weg von mir wie der Jupiter. Nach dem Essen stand ich planlos am Rindermarkt und weinte. „Bitte lass es zu Ende gehen", dachte ich.

Mai 2009, Koma

Ich liege hilflos in meinem Bett und versuche die Umgebung einzuordnen. Wo hat man mich wieder hingebracht? Jeden Tag bin ich woanders ... Heute liege ich in einem Krankenhaus, in dem es sehr dunkel ist. Ich glaube, eine Zeitung zu sehen ... die Zeitung ist von morgen früh. Ich kann also sehen, was heute Nacht passieren wird. Eine junge deutsche Krankenschwester ist ermordet worden. Mein Gott, das ist Diana, meine erste große Liebe. Sie ist jetzt also Krankenschwester und ich weiß als einziger, dass ihr Tod bevorsteht. Sie wird von einem Krankenpfleger hier in der Station getötet. Warum? Was ist hier los? Ich muss das verhindern ... Aber wie? Ich kann mich nicht bewegen ... ich höre aus der Ferne ihre Stimme ... sie telefoniert mit jemanden. „Ich kann nicht mehr, ich arbeite 22 Stunden am Tag, ich brauche Ruhe ... bitte lassen Sie mich gehen." Sie scheint als Kinderkrankenschwester Hausbesuche zu machen und damit völlig überlastet zu sein .... Seltsam ... Diana und Kinder? Die mochte doch keine Kinder. Ich höre eine zweite Frauenstimme ... „Schätzelein ...?" Ich wundere mich noch mehr. Ist Diana jetzt lesbisch geworden? Nun bei ihrem Pech mit den Männern wär's kein Wunder. Dann erkenne ich, was vor sich geht ... Sie nimmt Drogen. Sie wird von ihrem Dealer ermordet. Spritzen ... Kokain ... nur so kann sie ihr Arbeitspensum bewältigen ... sie ist in der Gewalt von Verbrechern. Ich höre noch aus dem Nebenraum Geräusche, die ich nicht zuordnen kann, dann nichts mehr. Sie ist tot, und der Mörder wird mich jetzt auch töten ... ich weiß zu viel. Ich muss mich wehren ... ich muss hier raus ... ich reiße die Schläuche von mir ab und versuche aufzustehen ...

Der letzte Tag eines nassen Alkoholikers

Der letzte Tag meines „alten Lebens" war der 23. April 2009. Mein damaliges Dasein beendete ich an diesem Morgen, was dann folgte, war eine Wiedergeburt. Anders war mein Glück nicht zu beschreiben. Heute verstehe ich, wenn Leute, die z.B. einen Herzinfarkt überlebt haben, von ihrem „zweiten Geburtstag" reden. Zu diesem Kreis zähle ich mich heute auch.

05.30 Uhr. Ich wache auf, zittere. Mir ist übel, speiübel. Mir tut der Bauch weh, zuerst der Oberbauch, dann eigentlich überall. Ich fühle mich benommen. Ich gehe ins Bad, weil ich Brechreiz verspüre. Dieses Würgegefühl, das im Schlaf kommt und sich bis zum Brechreiz steigert, hatte ich morgens häufig. Aber dieses Mal musste ich mich übergeben. Ich spucke ins Waschbecken und es kommt Galle, Blut ... ich weiß nicht was.

Darauf habe ich gewartet. Eigentlich habe ich es mir so vorgestellt: Blut, ein Meer aus Blut, in dem sich mein Körper auflöst.

Helga ist in der Zwischenzeit wach und es wird schnell deutlich, dass es heute Morgen anders ist. Ich kenne diese Schmerzen und diese Zustände, aber heute sind sie schlimmer, alles einnehmend.

Ich erinnere mich an meine Worte: „Wenn das wieder eine Bauchspeicheldrüsenentzündung ist, bringe ich mich um." Meine Worte waren so klar und desillusioniert ausgesprochen, dass meine Frau mir glaubte. Sie rief den Notarzt. Bis zu dessen Eintreffen hatte ich noch genug Zeit zu „beichten".

„Ich trinke. Immer noch. Mehr denn je, ich kann nicht anders." Dies und einiges andere erzählte ich und die Mauern begannen zu fallen. Bevor ich vielleicht sterben würde, wollte ich reinen Tisch machen.

Ich hasse mich für meine Schwäche, für meine mangelnde Disziplin. Ich habe mich nie so akzeptiert wie ich bin, deswegen wollte ich flüchten, weg von mir selbst. Hinein in den tiefen Nebel des Rausches, in dem sich alle Sorgen auflösen. Bis zu diesem Tag, der die Abrechnung zu sein schien. Ich war bereit, jede Konsequenz Helgas zu akzeptieren, denn es würde heute nicht mehr weitergehen.

Die eingetroffene Notärztin verabreichte mir ein starkes Schmerzmittel. Dass es zwei der starken Spritzen bedurfte, bis ich in der Lage war mich zu bewegen, ließ die Notärztin den Ernst der Lage erkennen.

Ich musste ins Krankenhaus und zwar schleunigst. Der eingetroffene Krankenwagen fuhr mich in die nächste verfügbare Klinik.

Ich sah noch, wie Helga sich mit dem Fahrer unterhielt, dann bemerkte ich, wie die Milchglas-Schiebetür des Krankenhauses aufging, und dann wurde es Nacht um mich. Was dann folgte, war der schlimmste Alptraum meines Lebens, an dessen Ende der Anfang eines neuen Lebens liegen sollte.

Ich hatte eine nekrotisierende Pankreatitis. Nekrose bedeutet eigentlich „absterben". Dabei kommt es zu einer schweren Schädigung der Bauchspeicheldrüse, die normalerweise zum Verlust der Organfunktion und damit einhergehender Diabetes führt. Etwa 10 bis 15 % aller Fälle von Pankreatitis verlaufen so, von denen sind wiederum 80 bis 90 % durch Alkoholmissbrauch verursacht. Die Ärzte brauchten nicht zu fragen, ob ich zufällig zu den verbleibenden 10 bis 20 % „Nicht-Alkoholikern" gehöre. Meine Leberwerte waren zehnfach über Normal, die Blutfette weit über das zwanzigfache.

Bei einer akuten Pankreatitis werden Verdauungsenzyme in der Bauchspeicheldrüse zu früh aktiviert. Da es die Aufgabe dieser Enzyme ist, Proteine, Fette und Kohlenhydrate zu verdauen, beginnt eine Selbstverdauung des Organs. Eine Vorstellung wie aus einem schlechten Film. Es werden Entzündungsfaktoren gebildet, die den gesamten Körper überschwemmen und zu multiplem Organversagen durch Sepsis (Blutvergiftung) führen. Unbehandelt führt dies zum Tod.

Bei der Blutprobe, die mir zunächst im Krankenhaus entnommen wurde, stellte sich heraus, dass ich am Morgen noch 1,8 Promille hatte. Ich hatte später lange genug Zeit, um darüber nachzudenken, woher die kamen, aber ich wusste es nicht mehr. Einzelne Momente, ja ganze Tage oder Episoden aus meinem Alltag waren aus meinem Gehirn eliminiert.

Genauso wie ich mich nicht mehr an ganze Telefonate mit Freunden erinnern konnte, die ich noch Tage zuvor geführt hatte. Ich konnte mich nicht entsinnen, wie sich der Tag vor meiner Einlieferung ins Krankenhaus gestaltet hatte. Der Alkohol hatte seine zerstörerische Rundreise in meinem Kopf angetreten.

Zunächst, als ich auf der Intensivstation lag, erlebte ich noch einzelne Geschehnisse wie aus einer fernen Welt mit. Ich verbrachte zunächst fünf Tage dort und wurde auf „Null-Diät" gesetzt. Die Pankreas sollte sich beruhigen, ich bekam weder Essen noch Trinken. Die gesamte Ernährung erfolgte intravenös.

Ich bekam noch mit, dass meine Mutter drei Tage nach meiner Einlieferung Geburtstag hatte und dass meine Frau eine Beraterin von „Con Drops" konsultiert hatte, die mit mir nach meiner Genesung sprechen wollte. Aber zu all dem kam es nicht. Es bedurfte keiner Beratungsgespräche, es ging zunächst nur noch ums nackte Überleben. Das nächste, was ich mitbekam, waren Alpträume und Wahnvorstellungen, die sich während und nach dem Koma in meinem Kopf abspielten. Surreale Szenen, Vergangenes vermischt mit Furcht, Scham, schlechtem Gewissen und Todesangst.

Als man mir mittels einer Punktion im Magen die angestauten Verdauungssäfte ableiten wollte, stellte sich heraus, dass die Magenwand bereits „anverdaut" war, d.h. im Begriff war, sich aufzulösen. Irgendwann bemerkte ich, dass ich kurzzeitig zu mir kam und Blut spuckte. Das war dann der Auslöser, der die Chirurgen auf den Plan rief. Die Lage war ernst. Nur mit Ultraschall, Kernspintomographie und Ruhigstellen der Organe war es nicht mehr getan. Es bestand die unmittelbare Gefahr, dass sich meine Bauchspeicheldrüse selbst verdaut. Ich musste sofort operiert werden.

Beim Anblick der Pankreas wurde klar, dass mein Leben jetzt am seidenen Faden hing. Wie auch immer sich der Laie eine Bauchspeicheldrüse vorstellen mag, bei meiner war hinterher nur noch von „Matsch" die Rede. Das abgestorbene Gewebe wurde abgetragen, die Organe gespült. Zur Entlastung des Verdauungstraktes wurde mir ein Ileostoma, also ein künstlicher Darmausgang gelegt. Ich wurde ins künstliche Koma versetzt, man konnte nur noch hoffen.

In der Zeit nach der ersten Operation teilte man meiner Frau ungeschönt mit, dass meine Überlebenschancen bei ca. 10% liegen. Diese Aussage mag zwar eine Zumutung für den Angehörigen sein, aber im Nachhinein sorgt sie dafür, dass man das wieder gewonnene Leben umso mehr zu schätzen weiß.

Ohne zu wissen, wie mir geschieht, sah ich mich in fernen Ländern, fremden Szenarien. Ich fühlte eine Schwere in meinem Körper, die mir im Unterbewusstsein klar machte, dass etwas Furchtbares, noch nie Dagewesenes geschehen ist. Ist das der Tod? Oder nur ein Zustand, in den mich der Alkohol gebracht hat?

Es ist für mich nicht mehr nachzuvollziehen, wann ich mir der Gesamtlage eigentlich bewusst wurde. Die Summe an Medikamenten und Beruhigungsmitteln setzte mich dermaßen Schachmatt, dass ich

Wochen brauchte, um auch nur wieder Umrisse meiner Umgebung klar zu erkennen.

Irgendwann fragte ich meine Frau mit schwacher Stimme, ob ich Drogen genommen habe. Ich verstand die Antwort: „Nein, du hast wieder eine Bauchspeicheldrüsenentzündung, aber nur vom Alkohol." Und: „Wir sind dir nicht böse." Dann schloss ich die Augen und fügte mich meinem Schicksal. Das Wichtigste hatte ich verstanden.

Jetzt wird es also die ganze Welt erfahren. Und damit auch meine Schwiegereltern. Ich bin Alkoholiker. Ich war endgültig bloß gestellt. Ich war am Ende, es gab kein Zurück in mein altes Leben.

Im tiefsten Inneren meines Herzens blitze ein Gedanke auf, der wie ein kleines Licht in der finstersten Nacht erschien. Und der Gedanke war: „ENDLICH. Es ist vorbei."

Nach der ersten Operation wurde mein Bauch nur zugeklammert, nicht genäht. Auf die erste Operation folgten zwei weitere und beinahe hätte ich an meinem 42. Geburtstag das Zeitliche gesegnet. So wurde mir am 06. Mai 2009 „nur" zum dritten Mal das abgestorbene Gewebe meiner Pankreas abgesaugt.

Die Ärzte hatten Sorge, dass ich mir wegen der künstlichen Beatmung eine Lungenentzündung zuziehen könnte. Das hätte mir in der akuten Phase vielleicht sogar den Rest gegeben. Um zu vermeiden, dass Bakterien über die Atemmaske in die Luftröhre gelangen, wurde mir vorsichtshalber ein Tracheal- (Luftröhren-)schnitt gelegt und ich wurde auf diese Weise beatmet. Einmal versuchte ich in einer kurzen Wachphase mit meiner Frau zu reden, wusste aber nicht, dass ich einen Luftschlauch im Hals stecken hatte und des Sprechens nicht mächtig war. Der Doktor neben meinem Bett versuchte mir zu erklären, dass ich buchstabieren bzw. aufschreiben soll, was ich sagen möchte. Aber nachdem ich selber nicht wusste, was ich eigentlich zum Ausdruck bringen wollte, ließ ich mich resignierend ins Kissen sinken und fand mich damit ab, dass ich mich bis auf Weiteres nicht mitteilen konnte.

In der Zwischenzeit hatte sich meine Frau krankschreiben lassen und versuchte, sich mit der Situation so gut es ging zu arrangieren. Heute frage ich mich noch oft wie viele – oder wenige – Menschen auf der Welt diese Zeit gemeistert haben, ohne ihren Partner dabei aufzugeben. Sie fand die Kraft, noch eher als ich selbst, meine Krankheit als solche zu akzeptieren und entsprechend damit umzugehen.

Die Informationen über meinen Zustand kamen spärlich. Es ist verständlich, dass Ärzte über Sachen nicht sprechen, die sie selbst nicht 100%ig wissen. Auf die Frage, wie es denn nun aussieht, bekam meine Frau vom diensthabenden Arzt nur die lapidare Antwort: „Nun ja, die Bauchspeicheldrüse wird sich wohl auflösen." Etwas mehr Feingefühl wäre sicher angebracht gewesen.

So blieb nur das bange Warten. Warten bis das Telefon klingelt, warten bis die tägliche Visite kam und einen Status ablieferte, wie sich mein Zustand weiter entwickelt. Es war alles Menschenmögliche getan, jetzt konnte man nur noch hoffen und beten.

Zunächst war mein Zustand stabil. Die Blutwerte waren den Umständen entsprechen schlecht, aber stagnierend. Während ich im Koma einen wahren Höllentrip erlebte, schien sich mein Körper gegen den drohenden Tod aufzubäumen.

Meine Frau besuchte mich täglich wie auch meine Mutter. Ihre Nerven wurden täglich aufs Neue auf die Probe gestellt. Einmal fanden mich Helga und Mutter stark frierend vor, ein anderes Mal fiebrig und nassgeschwitzt. Mein Körper schwankte zwischen Hitze- und Kälteschüben.

Ich bekam nichts davon unmittelbar mit und mein Zustand schien sich zu bessern. Die Blutwerte wurden langsam besser. Tag für Tag stabilisierte sich die Gesamtlage weiter und der Körper wehrte sich erfolgreich gegen die Auflösungserscheinungen. Die Leber war an der Zirrhose vorbeigeschrammt und Insulin wurde mir intravenös verabreicht.

Langsam, ganz langsam, schien es so, als ob sich mein Zustand bessern würde. Die Werte waren zuerst stabil, dann tendenziell besser. Genauso langsam begann man dann, mich aus dem Koma zu holen. Zuerst für einige Momente, dann für einige Stunden. Meine Träume begannen mehr und mehr, sich mit der Wirklichkeit zu vermischen und ich auch wieder klarer zu denken. Und zu reagieren. Als mich meine Frau „John Denver" per MP3-Player hören lassen wollte, konnte ich immerhin schon zu Verstehen geben, dass ich lieber schlafen wollte. Das Mount Everest Poster an der Wand hingegen wurde noch von meiner Phantasie in eine bunte Collage verwandelt und ich war der festen Überzeugung, dass Helga dieses Mitbringsel aus Nepal in 1000 Stücke zerschnitten hätte. Ein anderes Mal konnte ich wieder die Umrisse der Schlagzeilen klar erkennen: „Klinsmann entlassen, jetzt kommt Louis van Gaal", als Helga mir die Zeitung hinhielt. Ich war selbst im nebulösen Zustand vom neuen Trainer des F.C. Bayern angetan.

Jetzt mussten allerdings auch meine Medikamente meinem Zustand angepasst werden. Ich bekam u.a. die achtfache Dosis an Beruhigungsmitteln, die ich zu Hause gegen die schlimmsten Phasen der Panikattacken genommen hatte. Eine Dosierung, die unter normalen Umständen in kürzester Zeit zur Abhängigkeit geführt hätte. Aber sie war nötig, ich trat nach den Schwestern und war eine Gefahr für mich selbst, als ich mir die Schläuche aus dem Körper ziehen wollte.

Nachdem ich aus der Intensiv- auf die normale Station kam, wurde die Situation nicht gerade einfacher. Zwar stabilisierte sich mein Zustand weiterhin, aber für Pfleger, Krankenschwestern und Mitpatienten war ich eine Zumutung. In der Nacht brüllte ich die Leute wach, sodass sich der Pfleger gezwungen sah, mich in meinem Bett auf den Flur zu schieben. Das wiederum interpretierte ich als Vorbereitung meiner Ermordung und tobte noch mehr. Im Dunkel der Nacht hörte ich die Stimme meiner Frau und vermutete sie ein Stockwerk tiefer. Daraufhin fragte ich den Krankenschwestern Löcher in den Bauch, warum sie meine Frau wieder heimgeschickt hatten, während diese versuchten, meine losgerissenen Drainagen zu fixieren.

Einer der letzten Alpträume „schickte" mich nach Neuseeland. In der Nacht sah ich mich nicht im Krankenzimmer, sondern an Bord der Fähre von der Nord- auf die Südinsel. Eine traumhafte Reise, die ich 1998 auch wirklich gemacht habe und die scheinbar tief in meinem Gedächtnis verankert ist. Jedenfalls sagte meine Mutter später, dass ich am gleichen Morgen Englisch mit ihr gesprochen habe. Ich hielt sie für den Kapitän des Schiffes. Auch als Helga morgens anrief und ich sogar im Stande war das Telefon abzunehmen, vermutete ich mich noch am anderen Ende der Welt. Helga sagte in ihrer Engelsgeduld: „Nein, Schatz, du bist nicht in Neuseeland, ich komme gleich zu dir und dann wirst du es sehen." Irgendwie überzeugte mich das und ich ließ von meinem Glauben ab. Den älteren Herrn im Bett am Fenster brachte ich schier zum Verzweifeln, als ich beim Auflegen des Hörers zum wiederholten Mal das ganze Telefon zu Boden warf. Nun, auch ich sollte später noch „schwierige Zimmergenossen" als Mitpatienten bekommen.

Obwohl ich während der Zeit in der Intensivstation ständig unter Haloperidol stand, ein Medikament, das zur Behandlung starker Erregungszustände angewandt wird und auch gegen Zustände wie Psychosen oder Schizophrenie dient, schien der Entzug noch so stark zu sein, dass ich ständig „unter Strom stand“. Es ist sicher gut, dass all dies im Krankenhaus vonstattenging. Ich kann mir nicht vorstellen, wie ich eine Entgiftung in „gesundem“ Zustand zu Wege gebracht hätte.

Die ersten Schritte in ein neues Leben

Ich war zwar noch nicht ansprechbar, aber es wurde diskutiert, wann und wohin ich zur Reha geschickt werden sollte. Am Rande hörte ich Sprachfetzen, dass es bald einen Transport geben sollte, evtl. schon morgen. Und dass es in eine Klink am Starnberger See gehen werde. Ich hörte meine Mutter etwas von der „guten Erreichbarkeit“ für sie sagen, konnte jedoch nichts damit anfangen. Ob ich auf eine meiner Traumreisen geschickt wurde oder in Wirklichkeit fortgefahren wurde, konnte mein Verstand noch nicht auseinander halten.

Ich wurde lange später von Freunden und Bekannten gefragt, ob ich eines dieser Nahtoderlebnisse hatte, von denen man schon so viel gehört hat. Es gibt Menschen, die in gleißendes Licht schauen, oder ihren eigenen Körper auf dem OP-Tisch liegen sehen; ich hatte keinerlei Erlebnisse dergleichen. Obwohl etliche „Filme“ in meinem Kopf abliefen, hatte ich nie das Gefühl, jetzt tot zu sein.

Es folgte eine kurze Phase, die mich geistig zurück in die Realität brachte. Und damit in mein neues Leben. Nach dem Wechsel in die Reha-Klinik erfuhr meine Genesung einen deutlichen Schub. Wenn auch noch etwas wackelig.

Vom ersten Tag in der Reha-Klinik bekam ich so wenig mit, wie die Wochen zuvor im Krankenhaus. Zunächst probte ich auch dort den Aufstand. In der ersten Nacht riss ich mir den Stomabeutel vom Bauch, was natürlich für die entsprechende Verunreinigung auf dem Teppichboden sorgte. Kurzerhand verlegte man mich in ein Zimmer mit Linoleumboden, um dem nächsten Mal vorzubeugen.

Als dann die Wirkung mancher Medikamente nachließ kam die „Ur-Krankheit“ wieder durch. Mit dem Wissen um meine Situation wurde ich depressiv. Jetzt nicht mehr, weil ich mit dem Trinken nicht klar kam, sondern wegen der Ungewissheit, wie es denn weitergehen möge. Es war typisch, um nicht zu sagen für depressiv Kranke „normal“. Man sucht und findet immer einen Grund, um sich elend zu fühlen, wenn man will.

Meine Frau schnappte sich die Ärzte und erklärte ihnen, dass sie um mein Leben fürchtete. Man solle doch bitte ein Auge auf mich werfen, ich machte einen selbstmordgefährdeten Eindruck. Ich bekam Antidepressiva, die mich heute noch auf meinem Weg durchs Leben begleiten. Schon wieder Tabletten. Hat doch alles nichts geholfen ... Aber siehe da: Diesmal waren es die Richtigen. Endlich.

Ich sprang während der ersten Tage in Feldafing nicht wie befürchtet aus dem Fenster. Selbst wenn ich es gewollt hätte, ich wäre gar nicht aus dem Bett gekommen. Stattdessen sah ich zum ersten Mal, was ich von nun an jeden Tag für den Rest meines Lebens sehen würde: Meinen Bauch mit einer 40 cm langen, quer verlaufenden Narbe.

Die Pflege nach dem Aufwachen am Morgen dauerte bei mir eine Weile. Es gab Einiges zu tun. Da waren Schläuche, Beutel, ich war verdrahtet wie eine Maschine. Die resolute Krankenschwester öffnete den Verband am Bauch und ich erblickte eine lange Reihe an Stahlklammern. 32 Stück, verteilt über die ganze Breite meines Bauches. Auf einmal arbeitete alles in meinem Kopf blitzschnell. 1000 Gedanken schossen mir durch den Kopf und alles begann sich zu ordnen.

Ich wurde operiert. Es war eine schwere Operation. Man hat keine solche Narbe bei einer kleinen OP. Es muss ernst gewesen sein, sehr ernst. Meine Illusionen stammen aus dem Koma, in dem ich gelegen habe. Ich werde leben. Ich werde nie wieder trinken.

Und im gleichen Augenblick wartete ich auf den Schock. Ich sehe aus wie ein Monster. Frankenstein. Werde ich jetzt gleich schreien oder kann ich mich mit diesem Anblick arrangieren? Ich werde es müssen, aber wie schwer wird es werden? Ich wartete. Ich schrie nicht. Ich hatte mich im Griff. Ich stieg ins Gespräch mit den Schwestern ein. Die Oberschwester wollte heute Morgen nur jede dritte Klammer rausnehmen, die andere Schwester jede Zweite. Ohne zu wissen, was eigentlich Sache ist, sagte ich: „Machen wir jede Zweite raus.“ Lange hatte ich mich nicht mehr klar und deutlich sprechen hören.

Ich war wieder da. Und endlich kehrte Ruhe ein. Meine ersten Gedanken waren in die Richtung der „Abstinenz-Problematik“ gerichtet. Hundert Mal habe ich daheim gehofft, dass eine „Gelegenheit kommt“, mit dem Trinken aufzuhören, und jetzt war sie da. Und nicht nur das, ich wusste, dass der nächste Schluck mein Tod sein würde. Aber wie werde ich mich dran gewöhnen? Werde ich es vermissen? Werde ich wieder diesen unbezwingbaren Druck spüren, der mich jeden Tag zur Flasche greifen ließ? Oder wird es jetzt leichter, einfacher sein? Werde ich die ganzen „Rituale“ ändern können und das Bier aus meinem Leben verbannen?

Nun, ich konnte. Von den ersten Tagen in Feldafing an war der Groschen gefallen. Ich habe „über den Abgrund geschaut und bin zurück gewichen". Jetzt hatte ich es „kapiert". Ist das der richtige Ausdruck? Ich denke nein, so dumm bin ich ja auch wieder nicht. Besser wäre zu sagen, die Krankheit, die 25 Jahre andauerte, hatte ihren Zenit überschritten. Jetzt kam die Genesung. Jetzt war ich bereit.

In den folgenden Monaten und Jahren sprachen wir oft über diesen Verlauf der Dinge und fragten uns immer wieder: Hätte es auch anders funktioniert? Wenn ich nach der ersten Pankreatitis sofort die richtige Therapie gemacht hätte, wäre alles anders gekommen? Wäre ich aus eigener Kraft oder nur mit guten Worten vom Trinken weggekommen, ohne dass ich den ganz großen Schuss vor den Bug bekommen hätte? Eigentlich hatte ich keinen Schuss vor den Bug, sondern einen Volltreffer bekommen, bei dem der Kapitän das Schiff in letzter Minute retten konnte. Jetzt ging es in den sicheren Hafen. Mit halber Kraft.

Oder ohne es mit meinen geliebten Vergleichen, sondern mit den Worten meines Hausarztes auszudrücken: „Eigentlich hatte der Junge gar keine Chance." Damit meinte er, dass mir mein Weg zum Suchtkranken schon lange vorausbestimmt war. Als ich mehr und mehr wieder geistig aufnahmefähig wurde, begann ich nachzufragen, was alles passiert war und wie lange ich „weg war". Jeden Tag fügten sich die Puzzlestücke weiter zusammen und ich erzählte wiederum meine Sicht der Dinge. In welchen Welten ich gewandelt war und wie wunderschön es ist, wieder in der Realität zu sein. Fast wollte ich sagen, dass mich der Teufel aus der Hölle entlassen hat, unter der Auflage, nicht mehr zu trinken. Nein, in diese Hölle möchte ich nie wieder einen Fuß setzen.

Nicht minder wichtig als mein „Sieg über den Dämon Alkohol" erschien mir langsam die „Alltagsstruktur". Was wird bleiben? Oder besser gesagt, wer? Helga zeigte mir die ersten Postkarten mit den Genesungswünschen von meinen Freunden. Sie wünschten mir das Beste.

Ich wäre bereit gewesen den Preis zu bezahlen, den das Leben so oft von Alkoholikern fordert, „Alkohol ist ein starkes Lösungsmittel, er löst Ehen, Freundschaften ...", man kennt den Spruch. Aber die Spreu hatte sich vom Weizen schon lange getrennt. Die echten Freunde waren mir nicht böse. Diejenigen, die nach all den Jahren geblieben sind, hielten mir die Stange. Ich konnte es kaum glauben. Hat der Himmel kein Interesse, mich zu bestrafen? „Hallo", dachte ich, „ich habe GELOGEN, GETRUNKEN und, und, und." Und alle sagten mir: „Lass gut sein, du warst krank." Der innerste Kern vom Kreis meiner Lieben war verständnisvoller und toleranter als ich es je erwartet hätte.

Und wieder schämte ich mich. Sogar meine angeheiratete Familie, also allen voran meine Schwiegereltern, mit denen ich ja meine liebe Müh und Not hatte, konnten es in ihr Weltbild einbauen, dass Alkoholismus eine Krankheit ist. Nun, kein Vater auf der Welt wünscht seiner Tochter einen Trinker. Oder wenn der Fall eintritt, dann wäre sicher Feuer unterm Dach. Glaubte ich. Aber es kam anders als ich dachte. Nur gute Wünsche.

Weiß Gott, ich wollte von diesen Tagen an gar nicht wissen, was die Leute jetzt hinter meinem Rücken über mich redeten. Aber es durfte mir auch egal sein. Wenn mir jemand verzieh, nahm ich ihn beim Wort. Sollte jemand für mich kein Verständnis aufbringen können, hatte er dafür meines.

Sogar eine lang verflossene Freundin, die in der Zwischenzeit weit weg geheiratet hatte, und drei Kinder ihr Eigen nannte, kam mit ihrer 80jährigen Mama zu Besuch. Und wir lachten zusammen und redeten über die alten Zeiten, als hätte ich mir beim Skilaufen lediglich das Bein gebrochen.

Der Glaube an meinen eigenen Wert kehrte langsam zurück. Sie mochten mich. Immer noch. Als der Karren am weitesten im Dreck schien, zeigten mir wichtige Menschen, dass sie für mich da sind. Nun, jedenfalls moralisch betrachtet. Ich war ziemlich ab vom Schuss in der Klinik am Starnberger See, aber sie ließen mich alle wissen, dass sie im Geiste bei mir sind. Es schien tief in mir eine Basis für die Zukunft zu wachsen. Selbstvertrauen, ein lange nicht mehr verspürtes Gefühl. Es war wie Balsam auf meine zerschundene Seele.

All meine Zukunftspläne lagen jetzt im Ungewissen, aber ich sah darin die Chance für einen neuen Anfang. Wie der aussehen sollte? Keine Ahnung. Aber wenn man mir dabei helfen wollte, würde ich diese Hilfe annehmen.

Zunächst begann ich bescheiden, die Dinge anzunehmen, die der Alltag in der Klinik mit sich brachte. Ich musste zuerst wieder laufen lernen. Die Wochen im Krankenhaus hatten die Muskulatur natürlich schrumpfen lassen. Pflege, Bewegungsübungen, erste Schritte mit der Gehhilfe, Gespräche mit Ärzten und Therapeuten. Ich ließ alles bereitwillig auf mich zukommen. Ich musste mein Leben ändern. Und ich hatte jetzt Zeit. Ein richtiger „Höhepunkt" der ersten Tage zurück im Leben war die überfällige Haarwäsche. Ich fühlte mich wie Bob Marley, kein Mensch hatte mir auf der Intensivstation oder auch danach die Haare gewaschen. Den Geruch meiner fettigen Strähnen hatte ich sogar in meinen komatösen Träumen in der Nase. Ich fühlte mich wie nach einem Nachmittag im Freibad, als mich meine Frau mit frisch gewaschenem Kopf wieder ins Bett brachte.

Jetzt kam die Phase, in der wir lange miteinander redeten. Helga würde zu mir halten. Wir würden es zusammen durchstehen. Es war wohl zu spüren, dass mir jetzt klar wurde, dass ich mein Leben ändern muss und meine Krankheit zu akzeptieren habe. Mit allen möglichen Konsequenzen. Aber es war offensichtlich: Wenn ich mich traue, offen mein Schicksal anzunehmen, wird die Belohnung das Leben selbst sein. Ein ehrliches Leben. Ohne Lügen. Mit Mut und Selbstvertrauen. Es musste nur erlernt werden. Und ich war auf dem besten Weg dazu. Es hätte niemanden etwas gebracht, wenn Helga sich entschlossen hätte mich zu verlassen. Ich hätte aus lauter Verzweiflung sicher bald wieder getrunken, und Helga hätte bald von meinem Tod erfahren, um dann was gewonnen zu haben ...? Nein, es war kein Platz für falschen Stolz. Es war die richtige Entscheidung, die Situation als Ganzes zu sehen und nicht meine Lügen und Eskapaden als persönlichen Affront gegen meine Frau und mein Umfeld. Nichtsdestotrotz war mir klar, dass ihr Großmut und ihre Courage übermenschlich waren. Ihr Verhalten war zwar logisch richtig, aber nicht alltäglich.

Als ich langsam, aber sicher wieder etwas mobiler wurde, machte ich mit ihr „Ausflüge" rund um die Klinik. Das sah so aus, dass sie mich im Rollstuhl schob und ich mich aus eigener Kraft dann im Café auf den Stuhl setzen durfte. Dann, ganz langsam begann ich die ersten Schritte zu gehen. Ich kam mir vor wie ein Bergsteiger auf den letzten Metern am Gipfel des Mount Everest. Atemlos, nach jedem Schritt erschöpft. Ich musste mir des Öfteren sagen, dass die Kraft wieder kommen wird, und ich Geduld haben muss.

Langsam stellten wir Überlegungen an, wie es zu Hause weitergehen würde. Und zwar in Richtung Suchttherapie. Obwohl ich mir eigentlich im Unterbewusstsein sicher war, bereits „kuriert" zu sein, war klar, dass ich hinterher eine Suchttherapie machen muss. Der Sache wird jetzt auf den Grund gegangen, und zwar mit allen verfügbaren Mitteln. Sucht ist eine psychische Erkrankung und die muss man mit entsprechenden Psychotherapien kurieren.

Das Problem war aber, dass ich „freiwillig" entsprechende Angebote bereits vor einem Jahr ausgeschlagen hatte. Als ich den letzten „Einberufungsbescheid" zu einer Entziehungskur einfach in den Mülleimer geworfen hatte, glaubte ich nicht noch einmal mit dem Rentenversicherungsträger „verhandeln“ zu können. Schließlich war ich nach wie vor daran interessiert, ein Wörtchen mitzureden, wie meine Therapie aussehen sollte. Ich hatte meine eigene Vorstellung, aber wie bringt man das den Behörden bei, die man zuvor verschmäht hat? Mir schwebte bereits der Aufenthalt in einer Tagesklinik anstatt einer stationären Therapie vor. Ich sah einige Flyer durch und zusammen riefen wir verschiedenste Institutionen an und fragten, wie eine Aufnahme aussehen würde. Frustriert erfuhren wir, dass teilweise Wartezeiten von sechs Monaten vorherrschen.

In der Zwischenzeit trainierte ich meine geistigen und motorischen Fähigkeiten mit Entspannungsübungen, Fitnesstraining im Kraftraum und den „üblichen Verdächtigen“ der Physiotherapie wie z. B. Korbflechten. Ich lächelte, weil Spielchen wie Korbflechten, Töpfern usw. in meinem Klischeedenken nur Sachen für Esoteriker und Aussteiger waren. Aber ich hatte ja jetzt „die Seiten gewechselt“ und war bereit, zu lernen und anzunehmen.

Was soll ich sagen? Nach der zweiten Stunde ertappte ich mich dabei, dass mir Korbflechten Spaß macht, und ich mich auf die nächste Stunde freue. Ich grinste dabei in mich hinein als ich den Weg zurück vom Therapieraum in mein Zimmer antrat.

Obwohl ich mich Tag für Tag besser fühlte war noch lange nicht alles im Reinen. Mein Appetit war unterdurchschnittlich und ich hatte in der Zwischenzeit über 15 kg abgenommen. Als mich meine Freunde Peter und Sigrid zum ersten Mal besuchten, ließen sie sich beide ihren Schreck nicht ansehen, aber ich war wohl deutlich „zusammengefallen“. Der Vergleich, dass ich zu der Zeit wie mein eigener Vater in dessen letzten Jahren aussah, machte mir klar wie weit es gekommen war.

Die Wunde am Bauch tat ihr Übriges. Sie heilte nicht so, wie sie eigentlich sollte. Ich hatte eine Wundheilungsstörung und Teile der Narbe sahen aus, als ob sie von Mäusen angefressen worden waren. Die Ärzte waren sich einig, dass noch einmal nachoperiert werden müsste.

Langsam wurde mir auch bewusst, dass die Krankheit – die ich gerade im Begriff zu überstehen war – mich nicht nur innerlich in den Grundfesten verändern wird, sondern auch äußerlich. Ich betrachtete den Beutel, der an meiner rechten Bauchseite klebte und musste mich langsam mit meinem künstlichen Darmausgang vertraut machen.

Sich am eigenen Leib damit vertraut machen zu müssen, kostet Überwindung und Mut. Es hätte wohl noch mehr Kraft gekostet, wenn mir nicht gleich gesagt worden wäre, dass das Ileostoma (so der Fachausdruck) nur vorübergehend gelegt wurde, bis sich das gesamte Verdauungssystem wieder erholt hat. Gott sei Dank, dachte ich mir. Vielleicht kommt das Ding in drei bis vier Wochen schon wieder weg. Ich musste allerdings tief Luft holen, als mir der Stationsarzt sagte, dass ich damit wohl doch eher fünf bis sechs Monate zubringen müsste.

Blitzschnell ging mir durch den Kopf welche Einschränkungen das in der kommenden Zeit mit sich bringen würde. Ein Beutel voller Scheiße wird an meinem Bauch kleben, egal wohin ich gehe. Ein Gedanke der zunächst befremdet. Nun, es gab ja da noch die Stomatherapeutin. Da kommt also tatsächlich jemand, der mit mir trainiert wie das Ding zu handhaben und zu wechseln ist. So ungefähr stelle ich mir einen Kurs vor, bei dem man lernt, wie man Babys wickelt. Nur dass ich hier selbst das Wickelkind war.

Die Dame war zum Glück sehr einfühlsam und erkannte meine Berührungsängste. Es ist ein eigenartiges Gefühl, sich mit seinen Darmschlingen zu befassen und sie aus nächster Nähe zu sehen. Ich sollte lernen, wie ich den Beutel und den Adapterring im Stehen im Bad alleine wechseln kann. Im Fall des Falles muss man sich selbst helfen und sauber machen können, wenn keine Hilfe da ist. Zunächst war mir so zumute, als brauche ich dazu drei Hände und mehrere Flächen zur Ablage, um alle notwendigen Sachen parat zu haben. Es war schließlich deutlich einfacher, als ich mir angewöhnte den Beutel im Liegen zu wechseln, und dazu auch die Hilfe meiner Frau in Anspruch zu nehmen.

Es ging wieder ein Stück weiter in die Normalität. Langsam kam ich auch wieder die ersten Treppen rauf und runter und begann mich unmerklich zu langweilen. Nicht, dass das im Krankenhaus außergewöhnlich wäre, im Gegenteil, ich freute mich regelrecht darüber, dass „Normalität" einkehrte. Oft hing ich dieser Tage meinen Gedanken nach und ließ mein bisheriges Leben Revue passieren. Fragen über Fragen taten sich auf. „Wo habe ich die Abzweigung verpasst?" War es die Erziehung durch meine Eltern und deren Grundeinstellung zu Suchtmitteln, war es meine eigene Schuld, meine Gedankenlosigkeit oder waren es auch die langen Jahre der inneren Einsamkeit, in denen mir der Alkohol kurzfristigen Trost schenkte und mir ein Partnerersatz war? Als erstes musste ich jedoch versuchen, die Frage nach der Schuld aus meinem Kopf zu streichen.

Schuld und Sühne

Jetzt, bei klarem Kopf, war es offensichtlich. Ich fühlte mich selber verantwortlich für das, was passiert war. Für das, was ich meinen Lieben angetan habe. Ich habe sie hintergangen, belogen und nur an mich selbst gedacht.

Im Krankenhaus redete ich mit der Stationspsychologin über mein Leben. „Was habe ich meiner Familie nur angetan?", waren meine Worte.

„Nein, Herr Endres, was haben Sie sich selbst angetan?", erwiderte mir die Ärztin. Der Unterschied in der Denkweise war der springende Punkt. Es sollte später zu meiner Lebensaufgabe werden, zu lernen, mir selbst zu vergeben.

Mittlerweile kann ich gut mit meinem „Schicksal" leben und mich akzeptieren wie ich bin. Ja, in aller Bescheidenheit, ich bin sogar ein wenig stolz auf das Erreichte, aber ob ich mir jemals restlos vergeben kann, weiß ich nicht. Wie werde ich reagieren, wenn mich jemand in der Zukunft konkret mit Vorwürfen konfrontiert? Werde ich dagegen argumentieren? Oder werde ich klein beigeben und vor dem erhobenen Zeigefinger den Kopf senken? Wie wird sich meine Grundeinstellung zu meiner Krankheit entwickeln?

Es gab viel Zeit um nachzudenken und sich viele Gedanken zu machen. Immerhin war Sommer und das schöne Wetter tat sein Übriges, um meinen Allgemeinzustand zu bessern. Wenn meine Frau zu Besuch kam, schob sie mich im Rollstuhl in den Garten hinunter, wo wir im Sonnenschein oft im Café saßen und Cappuccino tranken. Danach versuchten wir beide die kleinen Räder des Rollstuhls durch die Kieswege um das Gebäude zu schieben, was sich aber als schwierig erwies. Also erkundeten wir die Straßen Feldafings rund um das Krankenhaus. Stolz gelangen mir die ersten Schritte von einer Parkbank zur anderen.

Helga war in der Zwischenzeit auf der Suche nach Therapiemöglichkeiten für Alkoholiker, die für mich in Frage kommen. Sicher, es gab in Deutschland mehrere einschlägige Adressen, aber wir wollten etwas, dass unseren Bedürfnissen am ehesten entsprach. Also eine möglichst geringe räumliche Trennung. Dahingehend waren wir uns einig. Eine Alternative wurde Helga von ihrer Hausärztin nahegelegt. Im Gespräch mit ihr schilderte sie unsere Situation und bekam denn Tipp, dass eine ambulante Tagesklinik für mich in Frage kommen würde. Dann wäre ich tagsüber in der Therapieeinrichtung, und abends dann in meinem gewohnten häuslichen Umfeld. Also praktisch wie ein normaler Schul- oder Arbeitstag. Das hörte sich für mich nicht schlecht an. Ich wäre daheim in München und nicht für Monate weit ab vom Schuss. Natürlich muss geklärt werden, ob diese Einrichtung für mich in Frage kommt und die Kosten von der Krankenkasse getragen werden. Jedenfalls bieten sich Möglichkeiten. Man muss nur suchen.

Zwischenzeitlich wurde die Dosis meiner Medikamente zusehends kleiner und ich stellte glücklich fest, dass mich die acht verschiedenen Beruhigungstabletten nicht abhängig gemacht hatten. Weil ich jede Nacht regelmäßig gegen 3.00 Uhr aufwachte und nicht durchschlafen konnte, wurde hier noch mit einem leichten Schlafmittel nachgeholfen. Ein Präparat, das den Blutdruck, der über die Jahre des Trinkens sichtlich gelitten hatte, senkte und gleichzeitig den Suchtdruck mindern sollte, kam dazu. Ich war dabei „richtig eingestellt" zu werden.

Der Brotkorb war in der Zwischenzeit fertig geflochten, die „progressive Muskelentspannung nach Jacobsen" funktionierte mehr schlecht als recht, aber ich machte fleißig mit. Die Ärzte der Klinik hatten sich jetzt alle ein stimmiges Bild meiner Genesung gemacht und ganz langsam kamen die ersten Gedanken an meine Entlassung auf. Es waren zwei Monate vergangen und das Leben als Trinker schien mir wie ein böser Traum, aus dem ich gerade aufgewacht war.

Und immer noch war genügend Zeit, sich auf ein neues Leben vorzubereiten. Ich hatte ja immer noch „den Rücken frei", da ich arbeitslos war. Ich bezog Arbeitslosengeld und war sowieso krankgeschrieben, d.h. die Arbeitslosigkeit „ruhte". Wir litten keine Not. Alles in allem – so meine Kalkulation – könnten wir ein Jahr überbrücken, indem ich mich auf meine vollständige Genesung konzentrieren könnte.

Der Entlassungstermin wurde dann noch mal um eine Woche verschoben, die behandelnde Oberärztin war noch im Urlaub und wollte meine Entlassung selbst absegnen. Aber das war ein kleines Übel. Selbst der Gedanke eines verlängerten Krankenhausaufenthaltes brachte mich nicht aus der Ruhe.

Auf dem Weg nach Hause kam ich mir wie ein Soldat vor, der aus der Gefangenschaft heimkehrt. Zuerst unendlich erleichtert, dann auch wieder fremd. Der erste Eindruck auf dem Heimweg war, dass meine Frau wesentlich sicherer Auto fuhr als noch vor Monaten. Klar, sie hatte jetzt jede Menge Zeit und Gelegenheit zum Üben. Sie fuhr die Strassen entlang des Starnberger Sees mit einer mir unbekannten Routine. Es war spürbar, dass sie sich hier mittlerweile auskannte.

Zu Hause. Es war alles wie früher. Sofort erinnerte ich mich an meine Alpträume und Wahnvorstellungen. Allen voran der, dass meine Frau das Haus verkauft oder die Wohnung umgebaut hat. Mit Tränen in den Augen sah ich, dass daheim noch alles wie im April war. Nur irgendwie anders. Draußen war es wärmer, die Hecke stand in saftigem Grün, die Nachbarskatze lief umher wie immer und alles schien friedlich. Der furchtbare Kampf, den ich geführt hatte, fand nur in meinem Kopf statt. Die Welt draußen war bereit, mich wieder mit offenen Armen aufzunehmen. Ich hatte Tränen in den Augen.

Mit weichen Knien, auf Krücken gestützt, ging ich auf unsere Wohnung zu, in der Hoffnung, niemandem zu begegnen. Noch wollte ich mit meinen Gedanken allein sein und nicht gleich Rede und Antwort stehen müssen.

Lange sah ich mich im Wohnzimmer um und „saugte" den Anblick unseres Zuhauses förmlich auf. Bald bemerkte ich meine Kraftlosigkeit, jeder Schritt durch die Wohnung war mühsam. Es kostete Energie, zum Telefon zu gehen oder die Fernbedienung zu holen. Bald ging mir der Gedanke durch den Kopf, dass ich mich von jetzt an nicht mehr im eigenen Haus verstecken muss. Ich brauche hier nicht mehr heimlich zu trinken. Ich brauche es überhaupt nicht mehr.

Die Erleichterung, die ich verspürte, war unendlich groß. Genauso wie die Angst vor der eigenen Courage, vor der Aufgabe, die es jetzt zu meistern galt. Eigentlich wollte ich es mir jetzt auf der Couch gemütlich machen, aber die war leider nicht mehr da. Stimmt, jetzt erinnere ich mich. Wir hatten ja vor ein paar Monaten eine Neue bestellt, und Helga hatte die Alte im Internet verkauft. Es schien eine Ewigkeit her, dass ich Helga sagte, sie solle alleine ins Möbelhaus fahren und die Couch bestellen, mir waren solche Sachen zu der Zeit damals egal.

Während Helga Möbel kaufte, blieb ich daheim und trank Bier. Und jetzt sollte die bestellte Couch bald kommen. Mir kam es vor, als war die Bestellung noch aus einer anderen Welt. Als wir das Möbelstück ansahen und aussuchten, kämpfte ich mit Panikattacken und hatte Angst im Möbelhaus zu „platzen". Ich war damals nicht mehr fähig mitzuentscheiden, welche Wohnzimmergarnitur wir wollten.

Also holten wir kurzfristig eine Matratze aus dem Kinderzimmer als Couchersatz für mich. Auf der ich es mir dann so gemütlich wie möglich machte.

Als es darum ging, in den Alltag überzugehen, fragte mich Helga ganz vorsichtig, was ich denn essen möchte. Ich sagte „Spaghetti Bolognese“, mein Lieblingsgericht. Die Reaktion war so fragend, als ob ich frittierte Dinosaurier bestellt hätte. „Oh je, ob das gut ist? Wie mache ich die möglichst magenschonend?“

Sie schmeckten hervorragend, aber bald danach schlief ich friedlich ein. Auf dem Rücken liegend, stets bedacht, dass ich mich nicht auf meine Drainage- und Stoma-Beutel legte. Man möchte meinen, dass kein Mensch die ganze Nacht in einer einzigen Position schlafen kann, ohne sich mehrfach umzudrehen, aber das ging hervorragend. Alles geht, wenn man will bzw. muss. Oder wenn man möchte. Aber das kam erst noch.

Am nächsten Morgen ging es zunächst an die Logistik. Ich musste bei meinem Hausarzt vorstellig werden. Ich brauchte Medikamente, Krankschreibungen, Verbandsmaterial usw.

Ich war auf einiges gefasst, als ich in seine Praxis ging, aber nicht auf die Reaktion, die dann kam.

Schritte zur Genesung

Er lachte, als er mich sah. Nicht herablassend, sondern als wollte er einen heimgekehrten Sohn begrüßen. Auch von uns beiden kam das Lachen aus ganzem Herzen. Wieder war ein weiteres „Eis gebrochen". Wir redeten wie alte Freunde und ich spürte die Freude des Arztes, einen seiner „schwierigen Fälle" geläutert wiederzusehen. „Jetzt, da sie dem Tod von der Schippe gesprungen sind ...", so fing das Gespräch an. Was dann kam, diente alles nur dazu, mich wieder zurückzuholen. Es kamen auch hier kein Tadel, keine Ratschläge, sondern nur Schulterklopfen, Glückwünsche und beinahe schon Lob für das gemeisterte Schicksal. An solchen und ähnlichen Reaktionen bemerkte ich, dass ich scheinbar wirklich das Schlimmste geschafft hatte und es jetzt steil bergauf ging.

Ich spürte, dass ich jetzt buchstäblich ein anderer Mensch geworden war. Ich bin Alkoholiker. Aber das macht nichts. Jedes Arztgespräch in meinem Leben wird ab jetzt davon bestimmt sein und ich werde nicht mehr versuchen, das zu verleugnen. Ich werde mir helfen lassen und die Dinge annehmen, wie sie sind.

Dem Apotheker, den wir danach besuchten, stand die Verwunderung ins Gesicht geschrieben als er mir ca. ein Dutzend verschiedene Präparate in den größten Packungen übergab, die keinen Zweifel daran ließen, dass sein Kunde schwer krank war. Die Frage, was mir fehlte, verkniff er sich, aber ich bekam die besten Wünsche mit auf den Weg. Mit einer riesigen Plastiktüte voller Medikamente kamen wir nach Hause.

Der nächste Gang war zurück ins Krankenhaus, zu dem Chirurgen, der mich operierte. Er hatte jeden Freitagvormittag seine „Darmsprechstunde" und dort sollte ich eine erste Bestandsaufnahme nach der Entlassung machen.

„Mann, sind Sie fit", meinte er allen Ernstes, als ich auf wackeligen Beinen sein Sprechzimmer betrat und mich auch gleich wieder am Stuhl festhalten musste. „Fit?", dachte ich. Wenn ich das als Kompliment auffasse, dann kann ich mir ausmalen, was sonst zu erwarten gewesen wäre. Wie knapp es in meinem Fall war, belegte seine Aussage, dass ich im Laufe von 1,5 Jahren der Erste von sieben Patienten war, der diese Operation überstanden hat. „Wissen Sie Herr Endres, für uns ist das auch schön zu sehen, dass das mal jemand überlebt." Da wusste ich das Wort Sarkasmus neu zu definieren. Immer wieder sah er mich an, wie ein Bildhauer seine Arbeit, kopfschüttelnd und lächelnd. Und dann, nachdem er meine aktuellen Blutwerte gesehen hatte, sagte er mit sanfter Stimme: „Herr Endres, verspielen Sie das nie wieder.“ Jemand wie ich, der einen latenten Hang zum Roulettespielen hat, weiß buchstäblich, was das heißt.

Niemals mehr wollte ich mit meinem Leben spielen. Alkohol und Roulette? Spiel mit beidem lange genug und du wirst verlieren, auch wenn dazwischen die Gewinne riesig und verlockend sind.

Die nächsten Termine in meinem neuen Dasein waren diverse Hausbesuche. Zuerst kam jeden zweiten Tag ein Mitarbeiter vom roten Kreuz, der mir beim Wechseln des Verbandes zur Hand ging. Die quer über meine Bauchdecke verlaufende Narbe zierten noch knapp 40 Fadenschlaufen und nachdem die Wundheilungsstörung immer noch nicht ganz auskuriert war, nässte die Wunde und musste von fachmännischer Hand gepflegt werden. Nach einigen Tagen kamen der Krankenpfleger und ich zu der Übereinkunft, dass meine Frau und ich es doch mal selbst versuchen sollten. So tragisch war es dann doch nicht, und die Wunde war ja auch gut zu erreichen. So konnten wir problemlos den Verband in den entsprechen großen und kleinen Teilen vorbereiten und so verkleben wie es der Pfleger gemacht hatte. Meine Frau legte die Talente einer Aushilfskrankenschwester an den Tag.

Ein anderes Thema war allerdings die Stomaversorgung. Davor hatte ich deutlich mehr Schwellenangst. Die Therapeutin, die hierzu ins Haus kam, wollte ich so schnell nicht missen. Ich konnte es drehen wie ich wollte, aber wie sich ein Gelähmter unweigerlich an den Rollstuhl gewöhnen muss, musste ich mich mit dem Anblick meiner Eingeweide und deren Pflege auseinandersetzen. Zunächst sollte mir beigebracht werden, das Austauschen des Kleberinges, an dem der Beutel für die Exkremente geklammert war, im Stehen zu wechseln. Für den Fall, dass man alleine und unterwegs ist. Nun, mit ein paar Tricks und Kniffen ließ sich das bewerkstelligen. Aber einfach war es nicht. Also entwickelten meine Frau und ich einen „Schlachtplan“. Ich trainierte fleißig das Beutelwechseln im Stehen um gewappnet zu sein, und gemeinsam machten wir „Wundpflege“, mit der zugehörigen Hautversorgung während ich flach auf dem Bett lag. Der Kunststoffring, der rings um den Ausschnitt meiner Bauchdecke klebte, war das Herzstück der Angelegenheit. Hielt er nicht richtig, oder war seine Verklebung an einer

Stelle undicht, war ein „Unglück“ vorprogrammiert. Wir suchten uns also den frühen Morgen vor dem Frühstück als besten Zeitpunkt aus. Da war der Darm leer, und das Stoma „spuckte“ kaum.

Das mit Abstand Beste an unserer langjährigen Beziehung war stets, die Dinge mit einem Höchstmaß an Humor zu nehmen. Wie fast alles im Leben. Wie unbefangen wir beide nach ein paar Tagen mit dieser Situation umgingen, war einmalig. Außer einigen wenigen Malen, in denen sich Helga wegen der „Geruchsbelästigung“ genötigt sah, das Zimmer kurzzeitig zu verlassen, amüsierten wir uns regelrecht.

Wenn alles reibungslos lief, wurden die gebrauchten Utensilien in dem Müll geworfen, meine Haut bekam einige Momente Gelegenheit sich vom Klebstoff zu erholen und beide betrachteten wir neugierig das Loch in meinem Bauch und die darin zu sehenden Darmschlingen. Man muss an dieser Stelle erwähnen, dass die Darmschlingen an ihrer Oberfläche keine Rezeptoren haben, das heißt selbst wenn man mit ihnen in Kontakt kommt, löst das keinen Schmerz aus. Hat man sich an diesen Sachverhalt gewöhnt, konnten wir sogar – beide – meine Bauchdecke massieren und zusehen wie sich die ausgetretenen Bauchschlingen langsam wie eine sich windende Schlage in meinen Bauch zurückzogen. Leider lief es nach einiger Zeit nicht mehr ganz so glatt und es bildete sich ein sogenannter „Prolaps“. Ein Stückchen Darm wollte nicht mehr in den Bauchraum zurück und stülpte sich langsam aber sicher immer weiter nach außen. Das kommt durchaus vor, macht aber die ganze Sache nicht gerade einfacher. Unser gemeinsamer Humor reichte aber soweit, dass wir meinem Stoma einen Kosenamen gaben. Wenn mich Helga nach meinem Befinden darüber fragte, war die Rede wie es dem „Flummi“ geht.

Nachdem wir meine akute Wundversorgung fürs Erste in den Griff bekommen hatten, ging es jetzt wieder daran, die Wurzel allen Übels zu bekämpfen und meiner Alkoholabhängigkeit den endgültigen Todesstoß zu verabreichen. Hoffentlich ... Es hatte sich heraus kristallisiert dass eine dreimonatige ambulante Therapie in einer Einrichtung der Caritas wohl das Beste sei. Das Problem war nur die Genehmigung hierfür. Wir gingen das Ganze von dreierlei Seiten her an. Zunächst im Gespräch mit dem Hausarzt, mit der Bitte meinem Wunsch per Attest Nachdruck zu verleihen. Wir hatten ihm meine Lage groß und breit erklärt, und auch er meinte, dass ich am besten beraten sei, wenn ich nicht gleich wieder monatelang ab vom Schuss bin.

Das Gleiche erklärten wir der zuständigen Sachbearbeiterin der Rentenversicherung bei einem persönlichen Termin. Es war ein Gang wie auf rohen Eiern. Erstens für mich im buchstäblichen Sinn, weil ich die wenigen Meter von der U-Bahn bis ins Büro noch behäbig und müde vor mich hin wankte und weil wir eben beide die Befürchtung hatten, mit unseren Sonderwünschen abgeschmettert zu werden.

Entgegen allen Erwartungen erging es mir hier wie einige Monate zuvor beim Arbeitsamt. Ich legte mein Anliegen korrekt dar, belegte meine Situation mit den entsprechenden Nachweisen und wurde ebenso korrekt behandelt. Was jetzt noch fehlte, war die persönliche Vorsprache bei der Therapieeinrichtung, also der Caritas. Unglücklicherweise versäumten wir es, die wöchentliche, öffentlich abgehaltene Beratungsstunde für „interessierte Neukunden“ zu besuchen. Also ließen wir uns ohne die Erstinformation gleich einen Termin mit einer Therapeutin geben und schilderten mein Problem.

Nachdem ich bereits zuvor in meinem Leben einige Erfahrung mit Therapeuten aller Art gemacht hatte, konnte ich mir ein einigermaßen objektives Urteil über die Einrichtung bilden. „Das könnte das Richtige sein“, dachte ich mir. Natürlich ist eine Therapieeinrichtung nur so gut wie die Therapeuten und deren Programm, aber immerhin passte der erste, äußere Eindruck.

Helga war erleichtert. Ich natürlich auch, aber scheinbar war ich im Gegensatz zu meiner Frau weniger skeptisch. Ich war mir sicher, dass die Dinge sich jetzt finden würden. Meine Zuversicht war nahezu grenzenlos. Ich meine mich zu erinnern, dass ich sogar einmal gesagt habe, ich würde es jetzt auch ohne Therapie schaffen. Aber damit hätte ich mich sicher zu weit aus dem Fenster gelehnt. Und siehe da, ich sollte in der Therapie so viel lernen.

Suchttherapie

Unsere Vorgehensweise war Gott sei Dank goldrichtig. Die Caritas befürwortete ohne Wenn und Aber meine „Einweisung“ und erledigte ihrerseits die notwendigen Formalitäten. Ohne noch mal großartig in Erscheinung treten zu müssen, wurde meine Therapie genehmigt. Es konnte also losgehen.

Ich kam mir vor wie ein Kind, das seinen ersten Schultag vor sich hat. Irgendwie wusste ich nur, dass ich viel Neues lernen würde, aber nichts vom Tagesablauf. Und schon gar nicht von meinen Mitstreitern. Ich hatte zwar Erfahrungen mit Psychotherapien, Gruppengesprächen, Volkshochschulkursen usw. aber das war dann doch was anderes.

Auch mein „Schulweg“ kam mir komisch vor. Sicher kannte ich das Münchner S-Bahn Netz, aber jetzt einen neuen „Arbeitsweg“ für zwölf aufregende Wochen anzutreten, war irgendwie Neuland für mich. Parkplätze waren in der City rar, also war ich auf die U-Bahn angewiesen. Ich spürte ein paar neugierige Blicke von den ersten Mitpatienten, als ich in den Hinterhof des Gebäudes schritt, aber nachdem ich mal wieder viel zu früh dran war, trat ich wenigstens nicht gleich vor eine versammelte Mannschaft.

Die Sekretärin des Hauses brachte mich in eines der Büros der Therapeutinnen, wo ich im Großen und Ganzen herzlich begrüßt wurde. Weder wie ein Kranker noch wie ein „Sträfling auf Bewährung“ wie einst vor etlichen Jahren in der Selbsthilfegruppe.

Es herrschte ein Trubel wie in den meisten Betrieben an einem Montagmorgen. In dem ganzen Wirrwarr trat eine weitere junge Dame ins Büro, die schon auf den ersten Blick eine erstaunliche Vitalität und Motivation ausstrahlte. Auf die Frage, ob man den „Neuen“ in Gruppe Eins oder Zwei unterbringen wolle, sagt sie: „Ach, den nehme ich gleich mit.“ Und wie selbstverständlich hatte ich meine Bezugstherapeutin gefunden, noch bevor selbige ihren Mantel ausgezogen hatte. Mein erster Gedanke mag seltsam anmuten, aber ich war froh, dass meine Therapeuten junge, hübsche Frauen waren. Nicht weil ich hier in der Suchttherapie einen Flirt, Hingucker oder Sonstiges suchte, nein, mir war klar, dass ich mich bei Frauen meines Alters mit meinen Sorgen besser aufgehoben fühlte als bei Männern. Frauen können zuhören, haben Einfühlungsvermögen, und das war es was ich brauchte.

Zunächst überkam mich natürlich ein „Overflow“ an Infos und Eindrücken, so dass ich mir nicht einmal merken konnte, wo die einzelnen Behandlungsräume überall verteilt waren, in denen die einzelnen Therapiestunden abgehalten wurden. Dafür war aber mein „Pate“ zuständig. Ein Mitpatient, der schon länger hier war und auserkoren wurde, mich an die Hand zu nehmen. Er erklärte mir den Tagesablauf, den Stundenplan, was alles zu tun und vor allem zu lassen sei und wie die Einzelnen so tickten. Dabei schien er alles in allem keinen sehr motivierten Eindruck zu machen. Bei Gruppengesprächen stufte er seine eigene Rückfallwahrscheinlichkeit als sehr hoch ein. Sein Leben hatte zwar Struktur (Arbeit, Tochter aus erster Ehe usw.) aber er schien damit irgendwie nicht klar zu kommen. Immerhin erklärte er mir so gut es ging, was mich in den kommenden Wochen erwarten sollte.

Auch schon hier griff der therapeutische Gedanke: Ein Alkoholiker hilft dem anderen. Es ging im Kleinen los und war alles Teil eines großen Therapieplans. So auch das gemeinsame Frühstück, das einigen streng festgelegten und kontrollierten Ritualen folgte, die natürlich die Räumlichkeiten und vor allem die Lippen der Teilnehmer nicht verlassen sollte. Soviel sei gesagt, es scheint für einen Haufen zusammen gewürfelter Menschen mitunter zuviel verlangt, Wurst, Butter und Brot und sonstige Utensilien für ein gemeinsames Frühstück zu bereiten und danach die Geschirrspülmaschine einzuräumen. Selbst dieses Mindestmaß an Disziplin musste immer wieder durch die diensthabende Therapeutin eingefordert werden.

Die Frage, die sich so viele Menschen vielleicht schon gestellt haben, die sich je mit dem Thema Sucht und Alkohol befassten, konnte nun hier beantwortet werden: Wie sieht ein „normaler Alkoholiker“ aus? Verlassen wir also das Klischee des obdachlosen, übel riechenden, bärtigen, alten „Penners“, der unter der Brücke nächtigt und einen stets mit der Wermutflasche in der Hand anbettelt: „Haste mal ne Mark für mich?“

Nein, hier waren sie also: Leute aus allen sozialen Schichten. Und die hier waren Menschen, die schon weiter waren als ich. Mütter, getrennt, geschieden, verheiratet, Ehemänner, verlassen, arbeitslos, Wochenendväter, Junggesellen, Hardrocker, und auch ein paar „sozial benachteiligte“ Menschen, die gerade von der Straße kamen oder beinahe auf dem Weg dorthin waren. Ja, selbst eine junge, hübsche Frau im adretten Kleidchen, die sich klar machen musste, dass der Stress vor ihrer Haustüre keinen Halt macht und auch nach der zweiten Flasche Wein am Abend nicht vergeht. Ein bunter Haufen, in dem scheinbar aus jedem Milieu ein Vertreter dabei war.

Es wäre mir nicht schwer gefallen, den einen oder anderen innerlich abzuurteilen. Ich brachte eine Menge Vorurteile mit, als ich dort anfing, aber die Zeit arbeitete für mich. Ich lernte mich anzupassen. Erstens weil ich mir klar machte, dass ich nichts Besseres bin. Und weil natürlich ein jeder Suchtkranke, der sich hier freiwillig behandeln lässt, schon viel mehr erreicht hat, als einer, der sich sein Leben lang in die Tasche lügt. Hier sind Menschen aller Klassen, die eingesehen haben, dass sie krank sind. Und noch ist kein Winter ins Land gezogen, in dem ich mit meiner Selbsterkenntnis soweit war, wie diese Leute hier.

Grundsätzlich kann man sagen – schaut man sich die Schicksale der Einzelnen an – dass es drei Einflussfaktoren im Leben gibt, die neben den Erbanlagen, den größten Einfluss auf die Suchkarriere eines Menschen haben: Die Kindheit bzw. das Elternhaus, der Beruf und schließlich die Partnerschaft.

Normalerweise ist es natürlich nicht nur einer der drei Punkte, sondern meist alle drei kombiniert. Nur eben in unterschiedlichen Gewichtungen. Die Kunst von der Sucht loszukommen ist nun die, zu erkennen, welche der drei Punkte das Leben aus dem Gleichgewicht gebracht hat. Und das ist bei Leibe nicht einfach. Das eigene Leben Revue passieren zu lassen, ist eine hohe Kunst, und die Parameter zu erkennen, die darin schief gelaufen sind, eine noch viel größere.

Da kann sich glücklich schätzen, wer sagen kann: „Das Gerüst stimmt." Ich zitiere bewusst diesen Satz, denn er stammt von meiner Therapeutin und sie wollte mir damit sagen, dass ich jeden der drei Punkte in Eigenregie in den Griff kriegen kann und dazu von meinem Umfeld die notwendige Unterstützung habe.

Meine Frau hielt zu mir und unterstützte mich nach Kräften. Ich verfügte über eine fundierte Ausbildung, bestes Fachwissen und die hohe Wahrscheinlichkeit des baldigen beruflichen Wiedereinstiegs. Und ich bin in der Lage, meine Kindheit mehr denn je aufarbeiten zu können. Es sind beste Voraussetzungen, um die zweite Chance zu nutzen. Und nun war ich hier. Bereit für den neuen Alltag. „Zwölf Wochen lang Volkshochschule der etwas anderen Art", dachte ich und grinste innerlich. Die Inhalte der einzelnen Unterrichtsstunden wiederholten sich turnusmäßig, also war jederzeit ein „Quereinstieg" möglich. Nach zwölf Wochen hatte man automatisch das ganze Programm durchgearbeitet.

Ich sollte zunächst „Genusstherapie" mitmachen. Wie so oft fragte ich mich, wozu das gut sein soll, aber dann rief ich mir sofort wieder in Erinnerung, hier nichts in Frage zu stellen, sondern mitzumachen. Ich soll jetzt nicht mehr dagegen sein und darauf einen trinken, sondern befürworten, was man mir anbietet und mitmachen. Also noch mal: Wozu Genusstherapie? Die Frage kann man sich leicht erklären. Haben wir Alkoholiker nicht verlernt, zu genießen?

„Ha", kommt es mir in den Sinn, „was habe ich das genossen, wenn die Kontrolle über Körper und Geist nach dem zweiten Weizen wieder kam." Aber war das Genuss? Nicht im Mindesten. Konnte ich genießen, dass der Vogel im Baum singt? Dass mir die Sonne auf die Haut scheint? Dass das Meer rauscht oder der Wind um die Berggipfel pfeift? Oder jeden einzelnen Moment, der sich im Leben bietet, wenn man nur hinschaut? Heute genieße ich die Sekunden, wenn ich die Nachbarskatze sehe, wie sie in der Sonne liegt und schnurrt. Aber dafür muss man seine Sinne öffnen. Hatte ich wirklich meine Sinne dafür noch offen? Nein, ich war nur konditioniert, jede Empfindung durch das Einwirken von Alkohol erst zu ermöglichen. Genuss braucht Zeit, ist individuell. Es gab sieben Grundregeln des Genießens. Und genießen ist ein Gefühl, dass man wieder ausgraben muss, wenn es unter der Sucht vergraben wurde.

Es dauerte nicht lange, dann glaubte ich verstanden zu haben wie wir hier lernten. Wir lernten indirekt, wir lernten zurückzuholen, was wir vergessen haben. Unser Denken zurückzudrehen dorthin, wo wir einst waren. Im Reinen zu sein mit uns selbst. Kräftig genug, um durch die Welt gehen zu können, ohne uns das Licht auszublasen. Zu erkennen, dass wir versäumt haben zu sagen: „Stopp, bis hierher und nicht weiter." Beim Computer würde man sagen: Wir machen einen Warmstart. Nur ist unser „Computer" – die menschliche Seele – wesentlich komplexer und zerbrechlicher.

Im Vorfeld überlegte ich mir bereits, wie denn das Mittagessen hier ablaufen würde. Kann man sich das so vorstellen, wie bei einem Volkshochschulkurs, wo man zusammen mit dem Seminarleiter mittags gemütlich essen geht, und über Yoga oder Campingurlaub an der Nordsee plaudert? Weit gefehlt. Das Essen wurde von einer Catering Firma geliefert, und wurde von einer Küchenkraft, die hier arbeitete, wie in einer Kantine ausgegeben. Danach wurde im wöchentlichen Wechsel von einer der beiden Gruppen der Abwasch erledigt, Kaffee gekocht und der Aufenthaltsraum wieder auf Vordermann gebracht. Das alles hatte Bundeswehr-Charakter, aber genau das brauchen Menschen, deren Leben aus den Fugen geraten ist. Als Hobby-Hausmann half ich natürlich begeistert mit, bis man mir sagte, ich sollte mich bremsen und meinen künstlichen Darmausgang nach dem Mittagessen schonen.

Zu allem Übel musste nach der Mittagspause getöpfert werden. Kunsttherapie. „Lang lebe das Töpfer-Klischee", dachte ich. Aber nach der anfänglichen Mittagsmüdigkeit machte es Spaß, wie ein Kind mit der Knete rumzuspielen und zu versuchen, ein Tier zu kneten, dass unser Inneres darstellen sollte. Meins sollte ein böser Drache werden, der die Sucht symbolisiert. Die anderen fanden den Drachen aber eher lustig und sympathisch. Der arme Drache erlebte seine Fertigstellung jedoch nicht. Beim Brennen im Hochofen zerriss es ihn in 1000 Teile und ich wertete das schließlich als gutes Zeichen.

Der Tag endete wie im Flug und in der letzten Stunde hatten wir sogar ein Trainingsprogramm, das uns zurück ins Berufsleben führen sollte. Wie bewerbe ich mich richtig, wie verhalte ich mich als „trockener Alkoholiker" im Personalgespräch. Eine interessante Sache, zu der ich auch viel aktiv beitragen konnte, nachdem meine letzten eigenen Bewerbungen gar nicht so lange her waren.

Und jetzt hatte ich auch noch „die Hausaufgabe" zu erledigen. Unsere Gedanken und Gefühle eines jeden Tages mussten wir niederschreiben und täglich einen kleinen Bericht abliefern. Wie der aussah und was er beinhalten sollte, war uns selbst überlassen, und das „Layout" sollte zur Analyse der Gesamtsituation dienen. Ich setzte mich hierzu an den Laptop und sah zu, meinen Bericht im Rahmen von „nur" einer Seite abzuhandeln. Anfangs wäre es mir ein Leichtes gewesen viel mehr niederzuschreiben, so bewegt war ich, aber man sollte es mit dem Bericht auch nicht übertreiben. Kurz und bündig war besser als lang und inhaltsarm.

In den kommenden Tagen hatte ich auch das erste Vier-Augen-Gespräch mit meiner Therapeutin, bei dem sie mir ihre Eindrücke mitteilte und ich ihr meine.

Zunächst hatte ich etwas Respekt vor dem Gespräch mit ihr. Sie hatte eine liebevoll-autoritäre Art, die ich derart noch nicht erlebt hatte. Jeder Morgen wurde mit einer Gruppenstunde begonnen, und in der wurden oft Krisengespräche geführt. Rückfälle wurden erörtert, Fehlverhalten einzelner unwilliger Mitpatienten wurden angeprangert, heimliche Lügner und Leugner wurden regelrecht bloßgestellt und anderen wurde unverblümt gesagt, dass sie hier nichts zu suchen hätten, wenn sie nicht sofort erklärten, warum ihr GGT-Wert gestiegen sei. Viele in der Gruppe mussten einfach eine starke Hand spüren, um sich über den Ernst ihrer Lage klar zu werden. Und jetzt sollte ich mit dieser Frau alleine Tacheles reden.

Im Gespräch mit mir erkannte Frau Haak, dass ich eine andere Behandlung brauchte. Sie schien mich von Anfang an zu verstehen und richtig anzupacken. Ich war nach kurzer Zeit Wachs in ihren Händen. Ich freute mich jede Woche auf die halbe Stunde allein mit ihr. Ein persönliches Resümee der Woche, verbunden mit einem Meinungsaustausch über die Geschehnisse in der Gruppe. Ich fühlte mich so wohl. Gespräche mit einer gebildeten Frau würde ich heute noch einer Liebesnacht mit selbiger vorziehen. Na sagen wir, ich würde die Kombination aus beidem begrüßen.

Die Gespräche mit ihr waren für mich richtungsweisend, ermutigend und vor allem nicht anklagend. Sie gab mir Mut, Zuversicht und erklärte mir zunächst eher den logistischen Ablauf meiner zwölf Wochen hier im Haus. Im Vordergrund stand der Umgang mit meinem künstlichen Darmausgang. So wurde zunächst ein „Plan" für die kommenden drei Wochen gemacht, der als Primärziel hatte, mich nicht zu überfordern. Danach sollte die Stoma-Rückverlegung erfolgen, was zwei bis drei Wochen im Krankenhaus bedeutete, und danach wäre hier in der Therapie die Schonzeit vorbei. „Gut", dachte ich, „das ist eine Extrawurst der Sondergröße. Ich kann's sogar hier langsam angehen."

Zunächst waren alle im Haus darauf aus, mich körperlich nicht zu überfordern, schließlich hatten sie nicht allzu oft Patienten, die kurz vor der Therapie erst das Gehen wieder lernen mussten. Ich war der Einzige im weiten Rund der zunächst vom Küchendienst befreit war und für die Gruppenstunden in den oberen Stockwerken als Einziger den Aufzug benutzen durfte. Dass ich vom Sport befreit war, lag auf der Hand. Mit einem leichten innerlichen Grinsen genoss ich meine „Sonderstellung".

Und so beobachtete ich die Leute in den beiden Gruppen. Einen älteren Mann mit exorbitanten Leberwerten, der seinen Rückfall noch im Grab geleugnet hätte, eine junge Frau, die sich immer wieder ihre Tablettensucht schön zu reden versuchte, eine andere Mittvierzigerin, die die Probleme mit ihrer Tochter in den Vordergrund schob. Die

Probleme waren so individuell wie die Menschen, die sich hier eingefunden hatten.

Und immer wieder überlegte ich, dass man von den 25 Leuten nur etwa fünf ein Alkoholproblem ansehen würde, sähe man sie als Passanten auf der Strasse. Der Rest war optisch so normal „wie du und ich". Ich wollte gar nicht erst hochrechnen, wie viele Menschen noch alle Alkoholiker waren, die ich in meinem Leben kennengelernt hatte. Die Zahl muss erschreckend hoch sein.

„Malen Sie einen Koffer", hieß die nächste Übung. „Und packen Sie ihn mit den Sachen, die Sie mitnehmen in Ihr neues Leben. Und packen Sie die Sachen aus, die Sie zurücklassen."

Mein Bild hätte jeden Vierjährigen auf Grund meiner mangelnden Malkunst erschaudern lassen, aber was ich malte, hatte Aussagekraft. Das meinte jedenfalls die Gruppenleiterin und später auch meine Frau. Ich nahm die Sonne mit, die Berge, Arbeit, ein Haus, die Katze, die uns immer treu besuchte, einfach alles was mir lieb war und gerade einfiel. Und was für mich mit einem Buntstift graphisch darstellbar war ... Ich stellte mich fürchterlich an.

Dann wurden die Sachen gemalt, die wir auf der Reise ins neue Leben zurücklassen wollten. Von denen es Abschied zu nehmen galt. Ich malte die vielen Spritzen, die ich bekommen hatte, das Krankenbett, an das ich gefesselt war, gelbfarbenes Bier, das aus einer Flasche floss, und vieles mehr, das ich alles schön außerhalb meines rechteckigen Koffers auf meinem Blatt Papier platzierte. Erst einige Tage später fiel mir auf, dass sich der Anblick dieser Gegenstände irgendwie von denen unterschied, die ich im Koffer in mein neues Leben mitnahm. Ich hatte sie alle in dunklen, aggressiven Farben gemalt und die Konturen der Gegenstände waren grob, kantig, scharf und angsteinflößend.

Es waren die Kleinigkeiten, in denen wir uns unbewusst ausdrückten. Wenn man lange genug malt, modelliert und bastelt, bringt man durch seinen Stil seine Ängste, Wünsche und Gefühle zum Ausdruck. Wer schwarz sieht, malt viel schwarz, wessen Träume lebendig sind, wird viel Buntes verwenden.

Einmal wöchentlich mussten wir alle zur Visite bei der „Chefin". Und zwar diesmal zur körperlichen Untersuchung, nicht zur psychischen. Der Reihe nach mussten wir im Wochenturnus unsere Blutwerte abgeben und nicht selten folgte daraus für Manchen ein ernstes Gespräch. Auch für mich, aber das Kapitel kam erst später.

Meine Blutwerte waren natürlich noch außerhalb jedes Normbereiches, nachdem sich der Körper erst allmählich daran machte, die ganzen Narkosestoffe und alles, was ich intus hatte, abzubauen. Zu meinem großen Schrecken begann ich Haare zu verlieren. Und zwar beinahe büschelweise. Nach dem Duschen sah die Wanne aus, als ob ich radioaktiv verseucht wäre. Mein Haupthaar wurde zusehends dünner. Gut, dass ich über diesen Lebensabschnitt graue Haare bekommen würde, war noch akzeptabel. Damit hatte ich mich auch schon irgendwie arrangiert. Aber bitte doch keine komplette Glatze. Ich bin jetzt nicht der große Ästhet und lege nicht allzu viel Wert auf mein Äußeres, aber damit hätte ich ein Problem. Nicht, dass ich Menschen ohne Haare hässlich fände, aber selber hätte ich schon gerne mein voluminöses Haar, so wie eh und je.

Meine Friseurin konnte mich beruhigen. Das Wachstum der Haare wird natürlich vom Blutkreislauf geregelt und wenn sich mein Blut wieder normalisierte und die Giftstoffe aus dem Körper geschwemmt wurden, dann wuchsen auch die Haare wieder nach. Nur jetzt müssten sie einmal komplett raus wachsen, bis alles wieder so wird wie vorher.

Fasziniert beobachtete ich den gleichen Effekt bei den Fingernägeln. Man konnte wie bei Jahresringen an Bäumen zurückrechnen wie lange die OP her war. Wenn man den kleinen quer laufenden Hügel an allen einzelnen Nägeln betrachtete, erkannte man, dass er im Laufe der Zeit nach vorne wanderte.

Abends saßen meine Frau und ich auf der Terrasse und ich konnte gar nicht aufhören zu erzählen, was ich alles erlebt hatte. Es drehte sich alles in meinem Kopf. Ich hatte endgültig einen Weg eingeschlagen, der mich unwiderruflich verändern sollte. Ich war fasziniert von der Veränderung, die sich scheinbar vollzog, ohne dass ich einen Einfluss drauf hatte. Gut, ich war gerade mitten in der Entwöhnung, aber die ganzen neuen Sinneseindrücke übermannten mich förmlich und ich wurde nicht müde, daheim davon zu berichten.

Nach einer Weile erteilte mir die Bezugstherapeutin den Ratschlag die täglichen Berichterstattungen zu Hause auf einen Zeitraum von ungefähr 20 Minuten zu begrenzen. Ich sollte versuchen, das „normale Eheleben" so gut es geht weiter zu führen und auch meiner Partnerin noch Platz einräumen, von ihrem Tag zu erzählen. Die Veränderung durch das Lernen in der Therapie war spürbar und allgegenwärtig, aber dennoch musste ich zusehen, dass es nicht 100% meines Denkens und Redens einnahm. Es gab auch noch andere Sachen im Leben. Endlich konnten wir zum Beispiel wieder zwei befreundete Pärchen an einem Nachmittag zum Grillen einladen. Wie schön war das normale Leben. Langsam begann jetzt der Lernprozess, das gesamte Leben mit all seinen Abläufen und Ritualen, ohne alkoholische Getränke. Es würde mindestens ein Jahr dauern bis man sämtliche „Anlässe", bei denen sonst getrunken wird, einmal durchspielt und man dabei das Bier – oder was auch immer – gegen alkoholfreie Getränke ersetzt hatte.

Sich auf diese Situationen vorzubereiten war auch Teil der Gesprächsrunden. Das Leben ist nun mal hart und ohne Mitleid für trockene Alkoholiker. Normalerweise bekommt man in einem guten Griechischen Lokal einen Ouzo nach dem Essen. Oder ein Glas Sekt vom Kollegen im Büro, wenn der Geburtstag hat. Mit welchen Worten lehnt man das jetzt ab, wenn es einem einerseits peinlich ist, mit der Wahrheit herauszurücken und man andererseits nicht lügen will? Eine Gratwanderung, die erlernt werden muss.

Vom Anstoßen zu Neujahr bis zum Glühwein am Heiligen Abend ist das gesamte Kalenderjahr mit Anlässen durchsetzt, bei denen der Alkohol nicht nur toleriert wird, sondern geradezu selbstverständlich ist. Kein gesunder Mensch muss sich ernsthaft Gedanken machen, wie man um diese „Hürden" herum kommt, wenn man keinen Alkohol trinken möchte, sondern nicht mehr DARF. Jeder in der Gruppe hatte Angst mit einer Situation konfrontiert zu werden, aus der es evtl. keinen anderen Ausweg gab als sich zu „outen".

Die Realität sah für mich in den Monaten danach allerdings weniger furchteinflößend aus als zunächst angenommen. Ich bedankte mich beim Griechen stets höflich mit „Nein, danke" und lernte den Situationen, in denen es keinen Umweg um die Bierflasche gab, aus dem Weg zu gehen. Diese Veränderungen im Leben mussten geübt und eingespielt werden, aber die Routine kam mit jedem Tag, der ins Land strich. Ich musste trainieren, den Alkohol aus meinem Tagesablauf zu streichen. Und dabei gab es viel zu beachten: zum Beispiel, dass es selbstverständlich sein muss, angebotenen Alkohol auszuschlagen. Nie im Leben sollte man ein schlechtes Gewissen haben, wenn man öffentlich sagt: „Ich trinke keinen Alkohol." Für mich war das Neuland.

Ich ging im Supermarkt an den Spirituosen vorbei, ohne sie schmachtend anzusehen. Ich versuchte mich beim Tanken auf die aktuellen Spritpreise zu konzentrieren und den Luftdruck in den Reifen zu prüfen, anstatt auf die Sonderangebote beim Weizenbier zu achten. Bei den ersten Malen das Auto vollzutanken ohne Bier zu holen, hatte ich den Eindruck, etwas vergessen zu haben, aber das sollte sich einspielen. Wie so vieles. Immer mehr merkte ich, dass jeder Ort, jeder Moment und jede Handlung in meinem Leben zuvor mit Biertrinken verknüpft war.

Die Therapie. Die beschwörenden Worte und Tipps, die man sonst nirgendwo auf der Welt so aus erster Hand bekommt wie hier. Ich freute mich oft auf die Gruppensitzungen und die neuen Erfahrungen, die jeder Tag mit sich brachte. Jedes neue Gespräch über unsere abstinenten Tage brachte Diskussionsmaterial hervor und daraus resultierten konstruktive Gespräche. Über den Sinn und Unsinn unseres Tuns während wir tranken. Und was wir tun mussten, um die Zukunft in den Griff zu bekommen:

„Kommen Sie in die Veränderung. Tun Sie es JETZT!!!" Die Worte von Frau Haak hatten sich in mein Gedächtnis gebrannt. Und die Art, wie sie es sagte. Ihre Körperhaltung. Sie drückte die Oberschenkel zusammen, als sie auf dem kleinen Stuhl im Gruppenraum saß, und presste die Hände darüber zu Fäusten, als ob sie uns die Bedeutung ihrer Worte mit Druck einpressen wollte.

Tanken – Bier trinken – Wäsche aus dem Trockner holen – Bier trinken – Helga ist beim Einkaufen – Bier trinken. Immer wieder. Überall. Tag und Nacht. Diese Verknüpfungen galt es jetzt zu löschen. Jede Einzelne. In mühevoller Kleinarbeit. Aber diese Mühe lohnte sich, denn jeder einzelne Tag brachte in seinem „trockenen" Ablauf immer wieder neue Erfolgserlebnisse mit sich, die mich regelrecht beflügelten. Das Wissen, dass jeder Tag ein Erfolg über die Sucht selbst ist, steigerte sich fast zu einem emotionalen Rausch, den ich eigentlich in der Therapie als „Trockenrausch" betiteln wollte, mich aber dann belehren ließ, dass es sich dabei um etwas ganz anderes handelt. Der Begriff war schon „vergeben".

Zum ersten Mal überhaupt verspürte ich eine Art Euphorie, der nicht ein Rauschmittel zu Grunde lag. Ich fühlte mich wie ein glücklich verliebter Teenager. Verliebt in das Leben selbst. Ein unvorstellbares Glücksgefühl breitete sich aus.

Wenn man mich fragt, ob ich religiös bin, dann würde ich höchstens mit „ein bisschen" antworten, denn mit vielen verstaubten Ansichten der Kirche kann ich nichts anfangen. Aber nachdem ich bei der Caritas jetzt die Lektion meines Lebens erlernte, und weil sich das Gefühl der Dankbarkeit in mir ausbreitete, ertappte ich mich dabei, in der einen oder anderen Kirche ab und zu eine Kerze anzuzünden.

Das schlechte Gewissen war noch groß, und die Erkenntnis über das Glück, das ich hatte, ebenso. Demut war wohl das Wort für das, was ich jetzt lernte.

Mittags hockten wir draußen auf der Terrasse und hingen zum Teil unseren Gedanken nach, plauderten über Gott und die Welt und ließen uns von den wärmenden Strahlen der Sonne, die durch die Häuserschluchten der Münchner Innenstadt schien, verwöhnen. Es war beinahe „Wellness" im Vergleich zu den üblichen 30 Minuten Mittagspause, die man landläufig aus den Betrieben kennt.

Oft fiel vor oder nach der Mittagspause eine Stunde aus und wir hatten zum Teil 90 Minuten und mehr um abzuschalten und uns über Themen außerhalb der Sucht zu unterhalten. Es menschelte gewaltig, als sich so mancher einen Liegestuhl schnappte und prompt in der Sonne einschlief. Auch ich war froh, mich mit meinem Beutel am Bauch das eine oder andere Mal kurz hinlegen zu können.

Immer wieder kam es vor, dass Patienten und Patientinnen hier die Gelegenheit nutzten, um sich näher zu kommen. Nur sehr zaghaft erfuhren wir, dass sich da schon so Manches in der Vergangenheit zugetragen hatte. Irgendwie wunderte mich das nicht im Geringsten.

Manche Patienten dachten auch, sie könnten den Therapeutinnen näher kommen. Die Therapeutinnen waren nahezu alle weiblich und – es sei mir erlaubt, das zu erwähnen – durch die Bank bildhübsch. Leider gab es auch „Helden" die selbiges im Straßenjargon ausdrückten und dafür prompt von der Therapie gefeuert wurden. Respekt und Anstand gegenüber den Damen waren natürlich unabdingbar.

Ein geflickter Bauch

Es wurde Mitte August, und der Sommer war auf seinem Höhepunkt, als es für mich an der Zeit war, an den Ort zurückzukehren, den ich bis dahin nur aus Träumen und Wahnvorstellungen kannte. In die Klinik, auf die gleiche Station, auf der man mich zusammengeflickt hatte. Mein künstlicher Darmausgang wurde zurückverlegt und ich kann sagen, dass ich mich auf diese Operation freute. Ich hatte keine Angst mehr.

Meine Ankunft auf der Station war ein regelrechtes Déjà-vu-Erlebnis. Ich sah die Krankenzimmer und die Gänge zum ersten Mal bei voller geistiger Klarheit. So sah also der Flur aus, in dem ich eine Nacht lang „ausgelagert" wurde und mich aus dem Bett quälte, um spazieren zu gehen. Das Ende des Flurs lag im Dunkeln, weil dort noch Abdeckplanen von Bauarbeiten aufgehängt waren. Es war nicht der Eingang zu einem Fischerhaus am Starnberger See, in dem mich der Krankenpfleger ertränken wollte. Davon war ich eines Nachts in meinem Träumen fest überzeugt. Und der Türstopper über der Badezimmertür war aus geschwungenem Metall, es war keine Schlange, die sich zu mir herab bewegen wollte. Auf einmal sah ich alles mit anderen Augen. Mein Gott, was ist hier nur vorgefallen? Was mussten mein Körper und mein Kopf mitmachen bis ich diese Hölle hinter mir lassen konnte.

Die Krankenschwestern (die ich auch noch nie „richtig" gesehen hatte) begrüßten mich alle beim Vornamen. „Fredy, du bist wieder da …" Mir war, als ob mir mein Leben noch einmal erzählt werden musste. Plötzlich war ich das Tagesgespräch auf der Station. „Oh Mann", dachte ich ironisch, „ich muss ja ein schöner Patient gewesen sein, wenn sich gleich alle an mich erinnern."

Helga erklärte mir die anderen Einrichtungen und Räumlichkeiten, die ich vorher nicht bewusst gesehen hatte, die aber sehr wohl für immer in meinem Gedächtnis verankert waren. Der Balkon, auf den sie mich geschoben hat, der Gang zur Intensivstation, auf der ich um mein Leben kämpfte, das Zimmer, in dem ich auf den Hinterkopf fiel und vieles mehr. Im selben Krankenzimmer konnte ich mich nun davon überzeugen, dass kein Breitbild-Plasma-Fernseher an der Wand hing. Und die blauen Schachteln an der Wand waren wirklich Plastikhandschuhe in verschiedenen Größen und keine Tiefkühl-Fischgerichte, die wir uns in der Mikrowelle hätten zubereiten müssen. Ich lächelte und fühlte mich wie ein heimgekehrter Sohn. Der Kreis schloss sich ein weiteres Mal.

Das Ärzteteam, das mich am Tag vor der OP bei der Visite inspizierte, kannte mich natürlich ebenso aus dem Effeff. „Mein“ Chirurg schaute mich an wie ein Junge, der sein erstes Modelbauschiff bewundert. Von seinen Kollegen gefragt, wie er denn morgen beim Rückverlegen meines Darmes vorgehen wolle, meinte der Oberarzt lapidar: „Weiß noch nicht, das sehe ich dann schon.“

„Aha“, dachte ich – nicht minder ironisch – „es führen viele Wege nach Rom, hoffentlich auch in diesem Fall.“

Ich verzichtete in der Nacht vor der OP auf das mir angebotene Schlafmittel. Ich genoss den Gedanken, morgen früh von meinem künstlichen Darmausgang befreit zu werden und schlief ohne Beruhigungsmittel wunderbar. Am nächsten Morgen holte man mich pünktlich zur Operation ab und ich kam mir fast vor, als ob ich endlich zu einer bestellten Schönheitsoperation gebracht werde. Etwas komisch wurde mir dann nur im Vorraum des Operationssaales, als der Narkosearzt mich des Nachthemdes entledigte und mir die Narkose-Spritze in den Rücken setzte. Zum einzigen Mal fühlte ich mich hier wie ein Stück Fleisch. Nackt, die Beine gespreizt, fertig zum „Bearbeiten“. Gerade als mir dieser Gedanke durch den Kopf ging, setzte die Narkose ein. Ohne eine Sekunde Vorwarnung. Ich war einfach nur weg.

Ich wachte wieder auf und es kam mir vor, als ob ich einfach nur erholsam geschlafen hatte. Ich fühlte mich wohl, und es dauerte lediglich ein paar Augenblicke, bis ich meinen Blick fokussieren konnte, dann hatte mich die Welt wieder. Ich lag auf dem Rücken, das Kopfteil der Matratze angewinkelt, die Decke war bis zu meinen Schultern hochgezogen. Meine Arme waren unter der Decke verschränkt. Mein erster Sinneseindruck war einfach nur: „Ich liege bequem.“ Ich sah auf die Uhr an der Wand des Aufwachraumes. Es war halb zwei. Gegen 10 Uhr hatten sie mich in den OP geholt. Nun ja, es wird wohl doch etwas länger gedauert haben ... Aber nachdem ich keinerlei Schmerzen empfand und relativ klar bei Sinnen war, ging ich davon aus, dass alles gut gegangen war.

Es herrschte – meinem Empfinden nach – ein reger Betrieb hier im Operationssaal, Aufwachraum oder wo auch immer ich gerade war. Irgendwer schaute mich an und sagte so etwas wie: „Den kannst du wieder hoch bringen, wir brauchen hier den Platz.“

Soll mir recht sein, dann bin ich abends wieder fit. Soweit ich noch weiß, kam unmittelbar nachdem sie mein Bett reingeschoben hatten, meine Mutter ins Krankenzimmer. Sie hatte wohl schon gewartet. Die Warterei bis der Angehörige nach der Operation aus der Narkose aufwacht ist nervenzerreißend. Ich erinnere mich selbst noch daran, wie es war, als Papa damals operiert wurde. Nun, ich konnte das meinen Lieben nicht ersparen, aber hier war ich nun wieder.

Die Vollnarkose zeigte Wirkung. Die restlichen Stunden des Tages wurden aus meiner Erinnerung ausradiert.

In der Nacht wurde ich plötzlich wach. Jetzt kamen die Schmerzen. Nicht wirklich schlimm, aber eben so, dass es mich nach Schmerzmitteln verlangte. Ich war an ein neuartiges Infusionssystem angeschlossen, welches das Schmerzmittel in den Rücken spritzt. Oder so ähnlich ... jedenfalls hatte ich das Gefühl, einen Angelhaken im Genick zu haben. Das Gerät zur Dosierung wurde von der Nachtschwester von fünf auf sechs an der Skala hochgedreht, und schon wurde es besser. Wie ein warmer Wasserfall lief ein angenehmes Gefühl der Entspannung durch meinen Körper und für einen Sekundenbruchteil wünschte sich der Suchtkranke in mir, dass es sowas für zu Hause gäbe. Ich schlief nach wenigen Augenblicken wieder ein.

Dieses Schmerzmittel bzw. die Einbringung in den Rücken hatte jedoch einige ungewollte Nebenwirkungen. Zum Beispiel, dass meine Beine zwischenzeitlich gelähmt waren. Das Gefühl war schon noch da, aber es waren nicht nur die Beine betroffen. Als ich morgens aufwachte, lag ich auf einer durchnässten Matratze. Leider war von dieser örtlichen Narkose auch der Unterleib betroffen, sodass ich zu allem Überfluss auch noch einen Blasenkatheter brauchte.

Ich dachte mir eigentlich, dass ich hier während meiner Genesung auf andere Gedanken komme als mich den lieben langen Tag mit Suchtkranken auseinanderzusetzen. Weit gefehlt. Als Heinz – ein neuer Mitpatient – ins Zimmer kam, war es, als ob ich vom Regen in die Traufe geschubst wurde. Heinz war ein hagerer, älterer Mann um die 70, der mit einem Oberschenkelbruch eingeliefert wurde. Den hatte er sich zugezogen, als er vom Frühstück aus seiner Stammkneipe nach Hause wollte. Das Frühstück bestand aus einer Flasche Rotwein, und nach deren Genuss kam der gute Mann beim Verlassen des Lokals mit dem Oberschenkel auf der Bordsteinkante zum Liegen.

Heinz war rettungslos dem Alkohol verfallen und die Schwestern hatten Anweisungen, ihn zu jeder Tages- und Nachtzeit mit Bier zu versorgen, um zu vermeiden, dass er auch noch Entzugserscheinungen bekam. Bereitwillig brachte man ihm eines Morgens um vier Uhr auf Kosten des Hauses eine Flasche Augustiner Hell und ich lächelte wegen dieser Ironie des Schicksals. Ich war hier, weil ich dem Alkohol entsagt hatte und er bekam ihn auf Kosten der Krankenkasse.

Eigentlich hätte ich mich in ein anderes Zimmer verlegen lassen müssen. Ein „nasser" Alkoholiker kann für jemand der den Entzug gerade hinter sich hat, ein unkalkulierbares Risiko sein. Zu leicht hätte sein Verhalten in mir einen Rückfall auslösen können. Mir ging der Gedanke durch den Kopf, aber ich hatte die berechtigte Vermutung, dass die Station zurzeit voll belegt war, und mit Sonderwünschen wollte ich nicht ankommen. Und außerdem fühlte ich mich blendend. Jedenfalls den Umständen entsprechend. Ich fühlte mich durch den Anblick eines Trinkers jedenfalls nicht spürbar gestresst.

Der Blasenkatheter kam bald wieder heraus und ich war hellauf begeistert, dass meine Ausscheidungsorgane schon ein paar Tage nach der Operation allesamt ihren Dienst wieder aufnahmen. Ein ungewöhnlicher Grund sich zu freuen, aber jeder, der in der gleichen Situation war, weiß wovon ich rede.

Nur die Beine wollten mich noch nicht so richtig tragen. Und genau das hätte noch beinahe fatale Folgen gehabt. Die Beine brauchten bei jedem Aufstehen noch eine kleine „Aufwärmphase", bevor sie mich trugen. Die Narkose und die Wirkung der Schmerzmittel ließen nur langsam nach, und von Zeit zu Zeit war eins der beiden Beine noch taub.

So spürte ich es nicht, dass das linke Bein praktisch noch „schlief", als ich mitten in der Nacht aufstand, um pinkeln zu gehen. Ich setzte mich im Bett auf und wollte zur Toilette. Beim ersten Schritt mit dem linken Bein merkte ich, dass ich ungebremst fiel. Es war keine Kraft zum Stehen da. Ich griff geistesgegenwärtig noch mit der rechten Hand nach dem Beistelltisch und stürzte mit all seinem Inhalt zu Boden. Ich hatte Riesenglück, es war nichts passiert. Ich hätte mir sämtliche Knochen brechen können, aber nach kurzer Inspektion der Lage spürte ich keine Schmerzen und begann zu meiner eigenen Überraschung lauthals zu fluchen.

„Schon wieder solche Eskapaden", dachte ich mir und ärgerte mich über meine eigene Unbedachtheit als ich mich langsam am Bett hochzog. Ich der Zwischenzeit – es waren gut zehn Sekunden vergangen –

stürmten die Nachtschwester und mein anderer Zimmergenosse Gerhard heran und halfen mir auf die Beine.

Als ich ein paar Tage später das Krankenhaus glücklich verlassen konnte, hatte ich meinen Seelenfrieden mit den furchtbaren Alpträumen des Frühjahrs geschlossen. Ich konnte mir jetzt erklären, was ich gesehen und geträumt hatte, wo ich war und was letzten Endes alles geschehen ist. Wieder begann ich mein Leben mit klareren Augen zu sehen. Die Erfolgserlebnisse wurden jede Woche mehr. Zum Abschluss meines Krankenhausaufenthaltes sagte der Chirurg noch zu mir, dass wir wohl noch eine OP vor uns hätten. Die große Narbe und deren Wundheilungsstörung sollten noch mal korrigiert werden. Erstens wegen der Optik und zweitens sollte noch mal an die Verwachsungen im Darmbereich herangegangen werden. Ein zusätzliches Titannetz sollte im Rippenbereich einoperiert werden, um der Bauchdecke zusätzlichen Halt zu verleihen. Der Narbenbruch sollte dadurch korrigiert werden. All dies war jedoch nicht eilig und sollte erst nach Jahresfrist gemacht werden, wenn sich der Körper von der aktuellen OP erholt hatte.

Zu Hause „gönnte" man mir noch ein paar freie Tage. Soll heißen ich wurde weiterhin krankgeschrieben. Ich hatte natürlich wieder ein paar Kilo verloren und wollte erst ein wenig zu Kräften kommen, bevor ich mich wieder in die Suchttherapie mit ihren heißen Diskussionsrunden und Therapiesitzungen stürzen wollte. Bevor die Fäden nicht aus der Wunde waren, sollte ich noch „Heimaturlaub" bekommen. Die zog mir der Hausarzt auch pünktlich zehn Tage nach der Operation raus und wieder war ich in seiner Praxis Tagesgespräch. Die Auszubildende durfte einen Blick auf meinen Bauch werfen und ihr Blick erinnerte mich an die Kandidaten im Fernsehen, die im Dschungelcamp Maden essen müssen.

Daheim setzte ich mich ans Laptop und eroberte mal wieder die Weiten des Internets. Wenn die Narbe nur nicht so schrecklich jucken würde ... „Wenn's juckt, ist es ein gutes Zeichen", dachte ich mir, während ich unbedarft an der Narbe spielte und mit dem Fingernagel darüber strich.

Ich hatte für einen Augenblick das Gefühl einen Klebestreifen vom Tisch abzuziehen. Etwas riss ...

Einige Sekundenbruchteile später durchfuhr mich der Schock, als ich sah, dass ca. die Hälfte der 10 cm langen Narbe genau an der Nahtstelle wieder aufgerissen war. Ich guckte ca. 5 mm tief in das Fleisch hinein und stellte zunächst fest, dass es gar nicht wehtat. Dann sah ich ungläubig zu, wie das Blut heraus floss, bis ich schließlich aufgeregt nach meiner Frau rief. Die behielt mal wieder die Nerven und fragte seelenruhig: „So, und was machen wir jetzt?"

Es gab nicht viel zu überlegen. Ich hielt so gut es ging mit einem sterilen Verband die Wunde zu und meine Frau holte das Auto aus der Garage, um mich mal wieder in „mein" Krankenhaus zu fahren. Gott sei Dank war die Blutung nicht schlimm und so hielt sich der Schreck beim zweiten Hinsehen in Grenzen. Trotzdem musste genäht werden. Mit beiden Händen hielt ich die Wunde zu und meine Frau fuhr das Auto in die Garage, nachdem wir vor dem Haupteingang vorgefahren waren. Als ich durch die – bereits aus Alpträumen bekannte – milchverglaste Eingangstür des Krankenhauses ging, schwankte mir ein Betrunkener entgegen. „Hasdämal ä Sigarette?" Als ich schnell verneinte, wurde er aggressiv und ich war mal wieder froh, diese Phase meines Lebens hinter mir zu haben.

Leider war zu fortgeschrittener Stunde nur ein einziger Arzt anwesend, der sich schließlich nach einer geschlagenen Stunde des Wartens für mich Zeit nehmen konnte. Die Wunde war gleich vernäht und die Sache war keine große Angelegenheit, wäre aber vermeidbar gewesen. Ich hätte die Fäden ein paar Tage länger dranlassen können und natürlich meine Finger von der Wunde. So wurde die Narbe an der aufgerissenen Stelle dreimal so breit wie an der ursprünglichen Naht. Ich ließ keine Extravaganz aus.

Keine Schonfrist mehr

Zurück in der Therapie kam ich mir jetzt wie ein „alter Hase“ vor. Die meisten Gesichter in der Runde waren bekannt, manche aber neu. Ein Neuling, ein groß gewachsener Mann von eindrucksvoller Statur, ergriff in der Morgenrunde das Wort. Er hatte die Ausstrahlung eines Charmeurs, aber er machte auf mich den Eindruck, ein Blender zu sein. Ich habe ein wenig von der Menschenkenntnis meiner Mutter geerbt, und während sich Wolfgang mir vorstellte, läuteten bei mir die Alarmglocken.

Er stellte sich mir als neuer Gruppensprecher vor und hatte offensichtlich die Rolle des „Alpha-Tieres“ in der Gruppe zwei übernommen. In solcher Funktion, erklärte er mir, fühle er sich auch für mich und mein Wohlergehen hier in der Gruppe verantwortlich.

Ich vermied ich es, gleich am ersten Tag Diskussionen vom Zaun zu brechen. Ich wollte schon nachfragen, wer er denn sei, um mich in seine Verantwortung nehmen zu wollen, aber ihn in seine Schranken zu weisen, sollte Aufgabe der Therapeutinnen sein. Schwierigen Menschen wie ihm begegnet man mitunter in Therapiegruppen, aber zur allgemeinen Erleichterung verließ er die Gruppe bald freiwillig. Die Einrichtung war „nicht das Richtige“ für ihn.

Wieder einmal wurde ich zur Blutkontrolle und dann zur wöchentlichen Visite bei der Stationsleiterin gebeten. Ich war neugierig darauf, wie sich mein Allgemeinzustand entwickelt und welche Meinung die Chefin von mir in der Zwischenzeit hatte. Entsprechend froh und optimistisch ging ich ins Gespräch. Ich hatte mir schließlich nichts vorzuwerfen.

Bereits nach einigen Sätzen bemerkte ich jedoch ihre Reserviertheit. Schließlich fragte sie mich mit aller Strenge wie es denn kommt, dass mein GGT-Wert von 61 auf 67 gestiegen sei. Abgesehen davon, dass er allgemein zu hoch sei.

Sie sah mich an und beschuldigte mich eines Rückfalls. Sie meinte ich habe getrunken und wollte es von mir hören. Jetzt ist es leider so, dass die gute Frau in ihrer Karriere schon Suchtkranke auf dem Sterbebett hat lügen hören. Es gab nichts, keine Lüge, keine Ausrede und keine Beteuerung, die sie noch nicht erlebt hätte. Selbst die einfachen Tatsachen, dass meine Bauchspeicheldrüse keinen Rückfall mehr aushalten würde oder ich gerade aus dem Krankenhaus kam und mit allen möglichen Narkotika vollgestopft wurde, ließ sie nicht gelten. Ich versuchte das Gespräch auf sachlicher Ebene weiterzuführen und meine Unschuld argumentativ darzustellen, aber es war sinnlos. Nur eine Bestimmung des CDT-Wertes (Carbohydrate-Deficient-Transferrin) hätte Aufschluss gegeben. Der wiederum war aber nicht einmal im großen Blutbild mit dabei und müsste gesondert im Labor bestimmt werden. Dieser Wert bestimmt nicht die Entzündung der Leber, sondern misst explizit das Vorhandensein von Restalkohol im Körper. Das wäre aber der letzte Schritt gewesen, den sie gegangen wäre, um mich des Trinkens zu überführen, und so sagte sie zum Abschluss ich „solle es mir überlegen" und morgen zu ihr kommen. Das sollte heißen, ich kann mir Zeit nehmen das Gefühl des Ertapptseins setzen zu lassen und morgen sollte ich beichten.

Ich kam mir schlicht und einfach verraten vor. Zum ersten Mal in meinem ganzen Leben wurde ich des Trinkens angeklagt und hatte gar nichts intus.

Sofort beschloss ich, die Flucht nach vorne anzutreten. Ich wollte mich nicht noch einmal unterkriegen lassen. Ich werde meine Rechte jetzt durchsetzen und mir meinen Ruf nicht ruinieren lassen. Nicht noch mal. Die erste „Prüfung" in meiner Abstinenz stand bevor.

Ich rief noch auf der Straße meinen Hausarzt an und schilderte meine Situation. Er bestellte mich sofort in seine Praxis und nahm eine Blutprobe. Außerdem konnte er mich alles in allem beruhigen. Der Aufenthalt in der Therapie hatte schon etwas von Kasernierung an sich. Mein Arzt lächelte und erklärte mir, dass die Leiterin einer Therapiestation schon von Berufs wegen ihren Glauben an die Menschheit verloren haben muss. Alles andere wäre nicht normal. Ich solle nur mal überlegen, wie und wen ich alles angelogen habe, um unbemerkt zu trinken.

Ich wollte der Ärztin in der Gruppe mit meinem CDT-Wert zuvor kommen. Ich wollte nicht tage- oder wochenlang warten und ständig unter Verdacht stehen, sondern ich wollte aktiv beweisen, dass ich von Herzen ehrlich abstinent bleiben wollte.

Nach der Blutentnahme bat ich noch alle Beteiligten, den Ausdruck aus dem Labor direkt an die Sekretärin im Büro der Caritas zu schicken, damit auch wirklich alles schnellstens und mit rechten Dingen zuging.

Zwei Tage strichen ins Land, und schließlich kam die Therapieleiterin mittags in den Aufenthaltsraum, wo sie mich in Lektüre vertieft vorfand. Lächelnd klopfte sie mir auf die Schulter und sagte sichtlich erleichtert: „Ich hab das Fax bekommen. Alles klar, Sie haben nichts getrunken.“ Uns beiden fiel ein Stein vom Herzen und wenig später konnte ich in ein paar Worten endgültig meinen Standpunkt hier glaubhaft darstellen. Ich wollte hier als Musterpatient rausgehen. Ich möchte meine Lektion gelernt und verstanden haben und alles tun, um das auch unter Beweis zu stellen. Angesprochen auf meine wild entschlossene Reaktion gleich selbst einen Bluttest machen zu lassen, sagte ich nur: „Was hätte ich denn machen sollen?“

Die Königsdisziplin in der Gruppentherapie war der Suchtverlauf. Jeder von uns musste nach gegebener Zeit vor versammelter Mannschaft sozusagen ein Referat halten. Man sollte seinen Lebensweg erzählen und wie man zum Abhängigen wurde. Inhalt und Rhetorik wurden dann in der Gruppe besprochen. Eine schwierige Übung, denn erstens gilt es, sein Leben auf einigen wenigen DIN A4 Seiten zu komprimieren und dann auch noch vor einer Gruppe zu sprechen. Das war auch so schon keine leichte Übung. Und darüber hinaus hat diese Sache das Wesen einer Beichte. Über den Verlauf ihres Lebens sprechen Alkoholiker nun wirklich nicht oft. Und hier durfte bzw. musste man mit sich selbst ins Gericht gehen und wurde von anderen Mitstreitern angehört.

Wobei die Betonung klar auf „angehört“ liegt. Wir verurteilten uns nicht für unsere Krankheit. Auch dazu waren wir hier, um zu lernen, uns zu helfen, nicht um uns zu tadeln.

Ich fasste zusammen, wie ich mein Leben sah und erlebte aufmerksames Zuhören. Man kann nicht sagen, dass sich bei den Suchtverläufen je eine „Diagnose“ oder ein „Urteil“ herauskristallisiert hätte, eher waren es Meinungen, Rückfragen oder gelegentlich ein Ansporn, der am Ende von den Mitpatienten kam.

Bei mir schien der Alkohol lange Zeit als „Universalheilmittel“ gegen Depression und Vereinsamung zu dienen. Als ich die Abhängigkeit schließlich bemerkte, zog sich die Schlinge der Sucht bereits zu. Ich erfuhr in diesen beiden Doppelstunden nichts wesentlich Neues über mich. Aber sie bestätigten mich in dem Wissen, dass ich meine Lage selbst richtig einschätze. Und das sollte die Basis werden, um mein Leben in Zukunft meistern zu können.

Der Sommer neigte sich dem Ende entgegen und langsam aber sicher wandte sich mein „Second Life“ – wie ich es manchmal nannte – seinem nächsten Kapitel zu. Nämlich zurück zur Arbeit. Ich hatte ein paar – mehr oder weniger aussichtsreiche – Bewerbungen losgeschickt und machte es mir jetzt zur Aufgabe, die Personalgespräche zu „üben". Es galt schließlich, mich jetzt als trockenen Alkoholiker zu verkaufen. Und zwar dort, wo es am schwierigsten war, im Beruf.

Ich erntete Komplimente, die ich jedoch nicht zu ernst nahm, als ich mich mit Anzug und Krawatte aus der Mittagspause verabschiedete und das erste Vorstellungsgespräch in Angriff nahm. Der Arbeitsmarkt wachte nach der Wirtschaftskrise wieder aus seinem Dornröschenschlaf auf, und ich führte das eine oder andere aussichtsreiche Gespräch. Ich hatte ja schon aus der Vergangenheit einige Erfahrungen mit Jobwechseln und war entsprechend vorbereitet. Zu meiner Verwunderung musste ich jedoch nirgendwo Rechenschaft darüber ablegen, was ich die letzten Monate so getrieben hatte und ob ich suchtkrank bin, wollte auch keiner wissen. Das Fazit war: In Vorstellungsgesprächen keine schlafenden Hunde wecken, aber für den Fall gewappnet sein.

In den letzten Wochen der dreimonatigen Therapie ergab es sich, dass ich durch den steten Wechsel der Patienten in Verbindung mit meinem dreiwöchigen Krankenhausaufenthalt zum „Dienstältesten" wurde. Selbst Patienten, die nach mir gekommen waren, gingen jetzt vor mir. Jahreszeitbedingt nahm jetzt leider die Gruppenstärke zu und damit automatisch die Spannungen innerhalb des Teams.

Gott sei Dank verließen einige der Störenfriede die Gruppe vorzeitig freiwillig und auf einmal wurden die Gespräche unverfänglicher und die Stimmung deutlich besser. Es „menschelte" an allen Ecken und Enden.

Leider gab es auch Episoden, die weniger angenehm waren. Patienten mussten die Therapie verlassen, weil es „aus disziplinarischen Gründen nicht mehr ging." Christoph, das Alpha-Tier, das mich nach meiner Operation als Gruppensprecher begrüßte, war zum Beispiel einer davon. Er verließ die Gruppe im „gegenseitigem Einverständnis" und kam seinem Rausschmiss damit zuvor. Sein Verhalten war einfach zu unsozial, und damit seine Probleme anders geartet als das sie hierher gehört hätten. Ein anderer Patient wurde zwei Tage vor Ablauf seiner Zeit rausgeschmissen, weil er gegenüber einer der Therapeutinnen angeblich Anspielungen auf ihre Oberweite gemacht hatte. Über all das wucherten natürlich die Gerüchte und Spekulationen, wie es denn nun wirklich war. Die Betroffenen beteuerten vehement ihre Unschuld, die Klinikleitung hüllte sich in Schweigen.

Gegen Ende des Sommers stieg die Anzahl der Suchtkranken hier in der Tagesklinik jedes Jahr an. Man möchte meinen, es lag am Oktoberfest, das nur wenige hundert Meter neben uns stattfand. In den Wochen davor wurden wir mehrfach ins Gebet genommen, dass das eine schwierige Situation für uns werden wird. Die Stadt ist voll von Touristen, meist betrunken, und feiernden Menschen, die für Suchtkranke oft Grund genug sind, die guten Vorsätze über Bord zu werfen. Es ist als würden wir vom Teufel in all seiner Leibhaftigkeit verführt werden. Gerade eben trockengelegte Trinker müssen sich das lebensfrohe Oktoberfest buchstäblich von außen ansehen.

Aber manche von uns nahmen die Situation auch als Chance wahr. Einige, zu denen auch ich mich mit Stolz zählen durfte, begannen die Massenabfüllung auf der „Wiesn" mit anderen Augen anzusehen. Kritisch und ernst. Eines Nachmittags machte ich den mutigen Selbsttest und ging nach der Therapie am U-Bahn Aufgang vorbei, weiter zum einem der hinteren Eingänge des Oktoberfestes. Eigentlich waren wir besser dran, einen Bogen darum zu machen, um jedes Risiko zu vermeiden. Aber ich hatte mein neues Leben so lieb gewonnen, dass ich bereits eine riesige innere Distanz zum Oktoberfest aufgebaut hatte. Abgesehen davon war es kein Anreiz aus der Vergangenheit, den ich jetzt missen würde. Ich hatte nur sehr selten Wiesn-Besuche mit richtig viel Spaß und das Starkbier war nie so mein Ding. Eher war das Fest für mich mit der Erinnerung verbunden, allein und einsam zu sein.

Der Frieden nähert sich

Ich machte eine andere Erfahrung als ich ca. 50 Meter innerhalb des Festgeländes stand. Die Sonne stand tief über den Bierzelten und die einzigartige Geräuschkulisse der Fahrbuden, Marktschreier, und Ansager übertönte alles andere. Der Geruch von Pferden, Gerste und Malz stieg mir in die Nase. Ich schloss die Augen und atmete tief ein. Ich konnte die Düfte wieder riechen. Ich konnte sie unterscheiden. Ich roch die gebrannten Mandeln aus der Entfernung und die Würstchen und Schaschliks aus der Fleischbude hinter mir.

Ich roch die angenehmen und die unangenehmen Aromen. Sogar ein kurzer Hauch des Parfüms einer hübschen jungen Frau, die an mir vorbeiging, stieg mir in die Nase. Aber einfach unbeschreiblich war die innere Ruhe, die ich verspürte. Die Spätsommersonne wärmte mein Gesicht und ich nahm an diesem Nachmittag die Sinneseindrücke so intensiv wahr wie schon ewig nicht mehr. Niemals zuvor hatte ich etwas Vergleichbares verspürt wie die Sensibilisierung meiner Sinneswahrnehmungen an diesem Nachmittag. Und wieder spürte ich, was ich gewonnen hatte. Lebensqualität. Souveränität. Freude. Der Druck war weg.

Ich konnte mich an einen Festbesuch erinnern, bei dem ich den Alkohol noch brauchte. Ich war wie getrieben an jenem Nachmittag vor vielen Jahren, als ich im Garten vor dem Bierzelt einen Platz suchte und mir bei der Bedienung eilig die erste Maß bestellte. Der ältere Mann neben mir lachte, als ich hektisch einen riesigen Zug aus dem Krug nahm und mir wenige Minuten später sofort die zweite Maß bestellte. „Da wär jetzt einer bald verdurstet", meinte er lachend. Ich dachte mir damals: „Verdurstet nicht, aber explodiert."

Heute genehmigte ich mir eine Bratwurst und eine Cola. Und anschließend noch etwas Süßes. Dann ging ich zufrieden nach Hause, um wieder ein positives Erlebnis mehr erzählen zu können. Ich war glücklich. Unbeschreiblich glücklich.

In den kommenden Monaten und Jahren machte ich fast täglich neue Erfahrungen, die die Abstinenz mit sich brachte und mir lange verloren erschienen. Zunächst war es die Kraft, die zurückkam. Nicht nur die psychische. Auch der körperliche Antrieb wurde besser. Ich stand morgens auf und war ausgeruht. Ich ging durch den Morgennebel die Straße entlang und war entspannt. Der Kopf brummte nicht, der Geschmack im Mund war nicht schal, die Gedanken konnten sich auf das Hier und Jetzt konzentrieren. Ich hörte die Stille, beobachtete die Tiere, die ich im Park sah und fühlte den kalten Wind auf der Haut, ohne dass ich dabei fror. Ich konnte wieder fühlen und genießen. Alle Empfindungen, die lange vergessen waren, kehrten wieder zurück.

Und das Beste war das reine Gewissen. Ich war befreit von dem Dämon, der mich lügen ließ und mich jahrelang zermarterte. Ich hatte ein Ziel erreicht, das lange aus den Augen verloren schien. Ich war wieder ich selbst und konnte es alles anderen zeigen, ohne mich dabei zu schämen. Im Gegenteil, ich wurde später nicht müde, meine Geschichte so oft zu erzählen, bis mir meine beste Freundin Sigrid mit einem Lächeln ins Gesicht gähnte, um mir zu sagen: „Fredy, wir wissen es schon."

Von den vielen Veränderungen erfreuten meine Frau nicht nur die meisten, manche amüsierten sie auch. Ich aß beim Frühstück wie ein Scheunendrescher. Ich hatte morgens auf einmal Appetit, ich hatte sogar richtig Hunger. Und zwar auf Sachen, die ich jahrelang nicht anfasste. Ich schmierte mir jetzt mit Vorliebe Honig und Marmelade aufs Brot, anstatt Wurst und Käse. Früher hatte ich mich nach der ersten halben Semmel halbherzig vom Frühstückstisch verabschiedet und nach Ausreden gesucht um möglichst schnell in den Keller oder an die Tankstelle zu verschwinden. Jetzt machte ich Pläne fürs Wochenende und schmierte mir dabei das x-te Brötchen und bemerkte nicht, dass meine Frau darüber lächelte und mein Glück als das ihre teilte.

Hierbei hatten wir übrigens auch ein wenig Glück. Nicht selten kommt es nämlich vor, dass die Wesensänderung des abstinent gewordenen Ehepartners den anderen befremdet. In Ehen in denen es schlechter bestellt ist als um unsere, kann es gut sein, dass die Ehefrau an Helgas Stelle gesagt hätte: „Da war er mir ja betrunken noch lieber." Der trockene Alkoholiker wird eben zum anderen Mensch, der dann gnadenlos mit der Realität konfrontiert wird. Und wer kommt automatisch immer mit der Realität zurecht? Den ganzen Tag die nörgelnde Alte mit ihren Macken? Oder den griesgrämigen Alten mit schlechter Laune? Man lebt in keiner „hellblauen" Rauschwelt mehr, in der man das Leben leichter ertragen kann, sondern erlebt nur noch die klare Realität. Unsere Realität war klar: Wir liebten uns mehr denn je.

Der Zeit nach der Suchttherapie folgte die der Nachsorge. Einmal wöchentlich ein Reporting, das ebenfalls in den Räumlichkeiten der Caritas stattfand. Und parallel dazu, die Aufarbeitung beim „richtigen"

Psychotherapeuten. Ich bekam Gott sei Dank die Adresse einer echten Koryphäe auf dem Gebiet der Suchtmedizin und Therapie. Ein Arzt, der u.a. auch schon Drogenabhängige in Behandlung hatte und mich stets dazu brachte, meine Lage aufs Neue selbst zu analysieren und den Blickwinkel dabei so lange zu ändern, bis ich die Dinge in einem anderen Licht sah. Ich lernte die – berühmte – Lehre, die Dinge hinzunehmen, die ich nicht ändern kann, den Mut zu haben, Dinge zu ändern, die ich ändern kann, und die Weisheit, das eine vom anderen zu unterscheiden. Die gewonnene Geduld und mein Reflektionsvermögen halfen mir dabei.

Mein zukünftiges Leben sollte allerdings auch ein Weg werden, der noch einige Kurven und Steigungen mit sich bringen sollte. Aber was soll ich sagen? Ist nicht das ganze Leben so? Und brauchen wir nicht all unsere Kraft um das zu meistern? Wenn uns die Kraft verlässt – was nur allzu menschlich ist – sollten wir versuchen zu erkennen, was falsch läuft und den eingeschlagenen Kurs korrigieren, bevor es zu spät ist und wir täglich zur Flasche greifen. Sie ist keine Lösung, sondern Indikator, dass etwas aus dem Ruder läuft.

Unzählige Male habe ich mich gefragt, wann es bei mir zu spät war. Um ehrlich zu sein, ich weiß es selbst nicht. Jetzt, wo ich es überstanden habe, bin ich natürlich gut im Verteilen von Ratschlägen, aber andererseits war ich außerstande selbst welche anzunehmen.

Warum? Weil es eine Krankheit ist. Nichts anderes. Wie viele Dutzend oder sogar Hundert Male bin ich in den letzten 15 Jahren in mich gegangen und habe selber zu mir die Worte gesagt: Hör auf! Hör einfach auf. Morgen, übermorgen, wenn eine Gelegenheit kommt.

Aber es kam keine Gelegenheit. Was ich nicht wusste: Es wäre gar nicht mehr ohne ärztliche Hilfe gegangen. Ich hätte in diesen Momenten der Einsicht in eine Klinik zur Entgiftung müssen, um die Chance zum Aufhören zu ergreifen. Aber das verleugnete ich nach innen und nach außen. So sollte meine Lektion eine der härtesten überhaupt werden. Ich sah dem Tod ins Gesicht und wurde verschont. Meine Liebsten verließen mich nicht, sondern stärkten mir den Rücken. Alle lehrten mich, dass das Leben schön ist. Ärzte, Freunde, Therapeutinnen, Krankenschwestern und Pfleger, sie alle streckten mir die Hand entgegen, ohne mich zu tadeln. Sie schenkten mir meinen Einstieg in das zweite Leben.

Ich hielt das Geschenk in Ehren. Bis heute. Und ich werde mich den Schicksalsschlägen, die kommen werden mit erhobenem Haupt entgegenstellen. Ohne dabei zu vergessen, dass ich ein Mensch mit guten, aber auch mit weniger guten Seiten bin. Und dass ich auch Schattenseiten haben darf. Dass ich auch in Zukunft Fehler machen darf, ohne mich zu grämen. Dass ich die Ansprüche an mich selbst nicht ins Unendliche hoch schrauben darf, sonst werde ich daran scheitern.

All das gehört zum Menschsein und wir müssen deswegen nicht in Suchtmittel flüchten. Wenn wir genau hinsehen und lange genug suchen, werden wir einen besseren Weg finden, die Hürden des Lebens zu nehmen.

Ich muss heute noch beinahe jeden Tag gegen den Gedanken ankämpfen, wie schön es wäre einen kühlen Schluck Bier zu trinken und seine Wirkung zu genießen.

In der Therapie wurden wir vorgewarnt, die verführerischen Gedanken werden unter Umständen ein ganzes Leben bleiben und immer wieder zurückkommen. Wie von jeder Wunde eine Narbe bleibt, werden auch wir niemals mehr ganz unbefangen sein, wenn wir dem Alkohol begegnen. Aber in solchen Momenten rufe ich das Gelernte in mir ab und denke daran: Ich muss zuerst größere Durst- oder Hungergefühle vermeiden. Es kann vorkommen, dass der real vorhandene Durst dem Gehirn Suchtdruck vorgaukelt. Leicht kann man nämlich das Eine mit dem Anderen verwechseln, weil es in der Vergangenheit dafür keinen sichtbaren Unterschied gab. Und wenn der Wunsch trotzdem aufkommt, dann denke ich daran, dass es andere Dinge gibt, die das Belohnungszentrum, das mesolimbische System im Gehirn, befriedigen können, ohne dass sie mich krank machen. Von Zeit zu Zeit belohne ich mich also mit einem Stückchen Schokolade. Oder zwei ... Dieser Effekt macht sich zwar langsam auf meinen Rippen breit, aber was hätte ich darum gegeben, als ich im Krankenhaus 25 kg leichter war als heute.

Der Weg zurück zur Arbeit ist steinig

Ich fand die verloren gegangenen Erfolge langsam wieder. Die privaten kamen jetzt eh täglich, und die beruflichen ließen auch nicht allzu lange auf sich warten. Just als ich meinem Psychotherapeut von einem verpatzten Bewerbungsgespräch erzählte und meinem Ärger Luft machte, kam am gleichen Tag ein Anruf, dass genau jener Arbeitgeber mir eine Chance geben wollte.

Ich konnte es nicht glauben. Obwohl die zukünftige Tätigkeit meilenweit von dem weg war, was ich bisher gemacht hatte, kam es mir vor, als hätte ich den Traumjob meines Lebens gefunden. Ich war unter Vertrag. Zwar schlecht bezahlt, und nur als Leiharbeiter, aber es war ein Anfang, der mir die Möglichkeit bieten sollte, sich wieder im Berufsleben zu engagieren und mich im Rahmen meiner Möglichkeiten hochzuarbeiten.

Die Lücke in meinem Lebenslauf schloss sich. Offiziell war ich elf Monate ohne Arbeit – mein Arbeitsvertrag beinhaltete ja noch über fünf Monate Freistellung – und diese Zeit der Erwerbslosigkeit sollte ich in Zeiten der schwersten Wirtschaftskrise seit dem Zweiten Weltkrieg leicht erklären können. Ich konnte mich jetzt, wo ich wenigstens wieder etwas Geld verdiente, in Ruhe um die „richtige" Arbeit für mich, nämlich in der KFZ-Sicherheitsindustrie, umsehen.

Am 15. Oktober des Jahres 2008 hatte ich meinen alten Beruf verloren, am 8. März 2010 begann ich meinen Neuen. Dazwischen lag für mich die komplette Umstrukturierung meines Lebens.

Etwas gab es jedoch noch zu tun. Vergangenheitsbewältigung. Irgendwo hatten sie ja auch Recht, als sie mich damals rausschmissen. Nüchtern betrachtet (was für ein Wortspiel) war ich damals für ein Ingenieursgehalt nicht mehr tragbar. Das musste ich mir eingestehen. Also konnte ich es allen anderen auch eingestehen. Jetzt, wo es Vergangenheit war.

Also, „Visier hoch und voll auf die Omme", so hatte es uns ein Seminarleiter für Kommunikation beigebracht. Ich beschloss, mich wieder bei meinem alten Arbeitgeber zu bewerben. Obwohl ich wusste, dass es wegen der vorausgegangenen Abfindungszahlung sinnlos war. Auf eine erste „richtige" schriftliche Bewerbung bekam ich natürlich eine Absage, die allerdings nicht im Mindesten auf meine eigentlichen Argumente einging. Also beschloss ich, mich persönlich an die höchste

Stelle zu wenden. Ich verfasste ein Email an Personalchef Dr. Thalheimer. Ungeschönt und in klaren Worten, schilderte ich mein vergangenes Jahr und warum ich jetzt wieder an Bord kommen könnte.

Ich kam mir vor wie in Star Wars, als Luke Skywalker freiwillig zum großen Showdown zu Darth Vader zurückkommt. Sicher in dem Wissen, alles gelernt zu haben, um die letzte, ultimative Prüfung gegen den großen Meister zu bestehen.

Das Telefonat, das auf mein Email folgte, war leider nur Balsam für mein Selbstbewusstsein. Beruflich brachte es – wie erwartet – nichts. Mein Ex-Personalchef und ich sprachen jetzt allerdings die gleiche Sprache, wir kommunizierten auf der gleichen Ebene und wir beide wussten: Was geschehen ist, war tragisch, aber es ändert nichts: Ich kann nicht wieder eingestellt werden. Nicht weil ich fachlich oder persönlich nicht geeignet wäre. Ich hatte in dem kurzen Gespräch erreicht, dass er mich wieder für glaubwürdig hielt. Es war einfach nicht mit den Formalitäten meines Ausscheidens zu vereinbaren. Es gab keine Fürsorgevereinbarung, keine Hintertür, nur eine Menge Geld damit ich gehe. Sein letzter Satz war mir jedoch ein Trostpflaster: „Wenn Sie ein Empfehlungsschreiben für einen neuen Arbeitgeber brauchen, rufen Sie mich an. Sie kriegen auf alle Fälle eines."

In der Nachsorgegruppe der Caritas wurde diese Aktion als Höhepunkt meines „Werdeganges in die Abstinenz" gewertet. Damit hatte ich nicht gerechnet. Wieder hatte ich mein eigenes Handeln unterschätzt. Was für mich nur logisch erschien, wurde mir von der Gruppenleiterin als menschliche Größe attestiert.

Der hohe Preis für ein gewonnenes Leben

Im Sommer 2010 schien das Glück perfekt zu sein, als mir meine Frau sagte, dass sie schwanger ist. Die zweite künstliche Befruchtung hat wieder auf Anhieb geklappt. Die Zeit der Erwartung unseres Babys war wunderschön. Ich benahm mich wie ein verliebter Trottel. Blind vor Liebe über das, was kommen möge. Ich bestellte Babyartikel im Internet, suchte nach Möbeln, und Helga musste mich mehr als einmal in meinen Aktivitäten bremsen. Die Ultraschallfotos wurden eingescannt, sogar das Layout der Postkarten, die die freudige Nachricht in alle Welt hinaustragen sollten, hatte ich schon im Kopf. Von der Kreditkarte mit dem ersten Babyfoto ganz zu schweigen.

In den letzten Tagen des Jahres sollte uns das Glück verlassen. Helga hatte sich angewöhnt, regelmäßig ihren leicht erhöhten Blutdruck zu kontrollieren und der wollte in den Dezembertagen einfach nicht niedriger werden. Heute mache ich mir fast Vorwürfe, nicht eher auf Helgas Bedenken eingegangen zu sein, aber es hätte nichts geändert, wenn wir schneller gehandelt hätten. Hoher Blutdruck ist ein Warnzeichen von Gestose, also Schwangerschaftsvergiftung. Nach gut zwei Wochen im Krankenhaus starb unser großer Traum.

Nachdem die Entbindung künstlich herbeigeführt wurde, verabschiedeten wir uns von unserer totgeborenen Tochter. Die eigens angereiste Seelsorgerin half uns in dieser schweren Stunde. Es kostete unmenschliche Kraft, aber es schweißte uns zusammen. Mehr denn je sagten wir uns, dass wir die Kraft haben all das zu meistern, und daran wachsen wollen. Wir werden all das zu schätzen wissen, was wir gewonnen haben. Denn das was bleibt, ist das Wertvollste das wir haben: Uns beide und das Leben selbst.

Wenn ich heute die letzten drei Jahre Revue passieren lasse, komme ich mir – bei allem Stolz auf das Erreichte – auch manchmal etwas neunmalklug vor, teilweise alt und manchmal sogar arrogant. Ich ertappe mich dabei, wütend zu werden, wenn ich Betrunkene sehe. Ich reagiere zum Teil verständnislos auf Trinker-Witze und will nicht mehr nachvollziehen, warum es „männlich" ist, viel zu vertragen. Die Werbung im Fernsehen über die Geselligkeit der Biertrinker lässt mich innerlich verkrampfen.

Das ist übrigens ein Phänomen das häufig vorkommt. Ehemalige Trinker werden nicht selten zu radikalen Anti-Alkoholikern. Ich rufe mir dann meine Vorsätze ins Gedächtnis, andere nicht zu beschuldigen oder zu verurteilen. Ich möchte so „normal“ bleiben wie es die Lage zulässt, ohne in extreme Weltanschauungen zu verfallen.

Ich will es verstehen und es auch gutheißen, wenn ich Jugendliche im Park mit Bierflaschen in den Cliquen sitzen sehe, und die Jungen „Gockel“ spielen um den Mädchen zu imponieren. „Stoßt euch die Hörner ab“, denke ich dann, aber hört rechtzeitig damit auf, denn unter den Hörnern ist der Kopf und den braucht ihr noch dringend.

So erlaube ich mir auch noch, meine Gäste zu bitten, sich ihr Bier zum Grillen selbst mitzubringen. Es gibt bei mir zu Hause keins mehr, aber ich möchte niemand bevormunden oder davon abhalten. Und ich selbst sollte versuchen, den Anblick als „normal“ zu ertragen. Eine Übung, die mir übrigens noch nie ernste Probleme bereitete, auch wenn mancher Suchtexperte die Hände über dem Kopf zusammenschlagen würde. Es sei aber auch gesagt, dass meine Freunde von meinem Angebot noch nie Gebrauch machten. Wenn ich dabei bin, wird zu 90% kein Alkohol getrunken. Ein Freundschaftsdienst, den ich allen meinen Lieben hoch anrechne.

Eines der Hauptziele der Therapie war eines Tages sagen zu können: „Ich will nicht mehr trinken.“ Statt: „Ich darf nicht mehr trinken“. Wenn der erste Satz aus der tiefsten Seele und aus reinsten Herzen kommt, ist man am Ziel und braucht keine Angst mehr zu haben. Auf einer Skala von null bis hundert würde ich mich dabei auf 90 einstufen, die letzten 10 Punkte sind noch durchsetzt von der Angst vor der eigenen Courage. Manchmal, aber glücklicherweise immer seltener, stolpere ich in Situationen, in denen ich mir den Geschmack und gleichermaßen die Wirkung eines frischen Bieres wünsche. Aber diese kurzen Gedanken vergehen heute so schnell wie sie gekommen sind. Dann obsiegen Klarheit, das Hier und Jetzt und auch die Vorfreude auf eine kühle Apfelschorle. Und der kleine Sieg gegen den Suchtteufel bringt mich näher an das endgültige Ende der Angst. Ich kann meine Suchtgedanken heute kontrollieren.

Während der Suchttherapie meinte meine Bezugstherapeutin, dass ich doch meine Gedanken und Ziele niederschreiben soll. Sie seien mannigfaltig, und wer weiß ... vielleicht liest all das eines Tages jemand.

Ich habe gelacht und sarkastisch erwidert: „Ja, klar, und ein Buch werde ich vielleicht auch noch schreiben. Was denken Sie denn, wer ich bin?“ Ich sollte noch lernen, was man alles erreichen kann, wenn man nur will.

Die letzte Aufgabe nach den drei Monaten in der Tagesklinik war einen Abschiedsbrief zu schreiben. Und zwar an das, was wir hinter uns ließen: Den Alkohol. Also brachte ich meine Gefühle zu Papier.

Abschiedsbrief

Du hast mich belogen. Die ganze Zeit. Deswegen werde ich mich heute von dir trennen. Unwiderruflich. Zu lange hast du mich hinters Licht geführt und ich habe mich von dir täuschen lassen. Wie viele andere habe ich mich mit dir in eine Abhängigkeit begeben, die mich für alles andere blind gemacht hat. Für das bisschen Glück, dass ich nicht mal mit anderen teilen konnte! Dieser Preis ist mir zu hoch. Viel zu hoch.

Ich war jung und unerfahren, als ich auf deine Verführungskünste hereinfiel. Nun, das war ein Fehler. Aber was du dann mit mir gemacht hast, war ein Verbrechen. Warum nur, habe ich meinen Verstand nicht früher eingeschaltet? Waren es die leidenschaftlichen, intimen Momente mit dir allein, die mich so verblendet haben? Es erging mir wie allen, die sich von deiner Schönheit haben blenden lassen und dann von dir verraten wurden.

Du hast Glück, dass man dich dafür nicht bestrafen kann. Aber man kann sich von dir abwenden. Und das tut man gerne, wenn man deine hässlichen Seiten gesehen hat. Und man lernt aus der Erfahrung mit dir ... Du bist gefährlich! Man muss aufpassen, wie bei einer schönen Frau, die es genauso rücksichtslos böse meint wie du, um nicht ein zweites Mal von dir verführt zu werden.

Lieber Alkohol, soll ich dir dankbar sein für diese Erfahrung? Ich werde meinen Weg weitergehen und tief durchatmen wie der Soldat, der heil aus dem Krieg nach Hause kommt. Nicht jammernd, nicht anklagend, sondern nur um eine Erfahrung reicher. Und dankbar. Dankbar für das nackte Leben.

Ich weiß, du wirst weiter deine Kreise ziehen, und wir werden uns sicher wieder begegnen. Aber mit Hilfe an meiner Seite wirst du mich nicht mehr verführen. Der Schaden, den du mir zugefügt hast, hat mich all deine Bosheit erfahren lassen.

Es reicht jetzt. Geh, und komm nie wieder. Gehen wir ohne Schmerz und Vorwürfe auseinander, aber gehen wir. Endgültig. Du wirst ohne mich weiterleben und weitere Herzen brechen, aber meines nicht mehr. Ich habe gelernt auf mich aufzupassen.

In meinem Abschiedskärtchen an meine Bezugstherapeutin zitierte ich eine bekannte Zeile aus dem jüdischen Talmud: „... und wer nur eine Seele rettet, der rettet die ganze Welt.“

Meine Seele bzw. mein Leben wurde gerettet, und wer weiß? Vielleicht kann ich eines Tages etwas von meiner Erfahrung weitergeben. Wenn ich selbst genügend Kraft gesammelt habe, möchte ich endgültig „die Seiten wechseln“ und mich im weiten Feld der Suchthilfe betätigen. Wenn andere Alkoholiker mir geholfen haben, dann kann ich das auch. Ich habe Hilfe bekommen, das will ich weitergeben. Vielleicht sind diese Zeilen ein erster Ansatz dafür. Wie ist es mit Ihnen? Haben Sie ein paar Mal während des Lesens nachgedacht?

Dann ist mein Weg nicht umsonst gewesen.

Epilog

München, Oktober 2012

Im Rahmen der Nachsorge wurde mir nahegelegt, über neue Ziele im Leben nachzudenken. Und zwar Ziele außerhalb des Berufes. Lebensziele. Sonst würde ich spätestens zur Rente in das nächste tiefe Loch fallen, und dem sollte zeitlebens vorgebeugt werden. Gegen Depressionen gibt's Medikamente, gegen ein inhaltloses Leben allerdings nicht.

Trotz aller aktiven Bemühungen sollte unsere Ehe bis zum heutigen Tag kinderlos bleiben. Die Endgültigkeit dessen sorgte noch mal für schwere Stunden. Umstände zu akzeptieren, die man selbst nicht ändern kann, vermittelt einem das Gefühl von Ohnmacht. Und dennoch, es geht weiter. Unser beider Wunsch nach mehr Inhalten im Leben ist ungebrochen.

Zurzeit versucht ein kleiner dreijähriger Mischlingsrüde diese Lücke zu füllen und er macht einen höllisch guten Job. Wussten Sie, dass Tierhaltung therapeutisch äußerst sinnvoll ist? Bis jetzt hatte ich mein Leben lang Angst vor Hunden (immer wieder der alte Affe Angst ...) aber unser kleiner Leo sorgt für pulsierende warme Schübe in meinem Herzen, wenn er mich mit seinen treuen Augen ansieht, als wollte er sagen: „Ich kann doch gar nichts dafür." Ein kleines Lebewesen, das meine Fürsorge braucht. Ohne Wenn und Aber. Nur ein Hund, aber für uns zwei Tierliebhaber so wichtig.

Noch bin ich lange nicht soweit, dass ich sagen kann, ich habe alles gefunden, wonach ich suche, um sorglos ohne Alkohol leben zu können. Mir mein Leben dauerhaft sinnvoll zu gestalten, das soll meine Aufgabe sein. Das weiß ich heute.

Genauso wie es notwendig ist, meine Gefühle zuzulassen. Mich lauthals zu ärgern, wenn ich sauer bin, es anderen zu zeigen, wenn ich mich freue, mich zu wehren, wenn es nötig ist und so vieles mehr. Da hatte mein Vater eben doch nicht Recht. Männer dürfen Gefühle zeigen. Ja sie müssen sogar, sonst verblühen ihre Seelen wie Blumen in der Sonne.

Und das Wichtigste, was für mich meine Lebensaufgabe bleibt: Zu akzeptieren, dass ich nichts dafür konnte. Mir selbst zu verzeihen, wo es doch nichts zu verzeihen gibt. Sucht ist keine Charakterschwäche, sondern eine Krankheit.

Sollten Sie vom „Problem Alkohol" nicht betroffen sein, dann schätzen Sie sich glücklich und Danke für's Lesen!

Für alle anderen – und ihr seid Millionen – habt Hoffnung, meine Gedanken und Wünsche sind bei euch!

Der Autor

Alfred Endres, Jahrgang 1967, ist Maschinenbautechniker und arbeitet seit über 25 Jahren in der Kfz-Zulieferindustrie. Er ist verheiratet und lebt mit seiner Frau in München.

Schon als Jugendlicher begann Alfred Endres regelmäßig Alkohol zu trinken und wurde schließlich zum Suchtkranken. Erst Jahrzehnte später gelang es ihm, seine Sucht zu besiegen und er beschloss seine Erfahrungen in einer Autobiografie niederzuschreiben.